# Mehr Low Carb Lieblingsrezepte

systemed

# Über die Autorin

Die gebürtige Odenwälderin Bettina Meiselbach startete mit einem betriebswirtschaftlichen Studium in das Berufsleben. Nach 25 Jahren im Personalmanagement und einem Burn-out später krempelte sie 2014 ihr Leben komplett um. Sie entdeckte die Low-Carb-Ernährung für sich, warf fast 60 Kilogramm Gewicht ab, wies ihre Diabetes-Typ-2-Erkrankung in die Schranken und ließ den alten Job hinter sich. Die begeisterte Hobbyköchin und Ernährungsexpertin begann den Blog HappyCarb.de zu schreiben – der sich schnell zu einem der meistgelesenen Low-Carb-Blogs im deutschsprachigen Raum entwickelte. Der dann folgende Schritt zur Buchautorin war danach nur noch ein ganz kleiner.

Weitere Bücher der Autorin:

- Diabetes Typ 2 - nicht mit mir!
- Happy Carb - Meine liebsten Low-Carb-Rezepte
- Happy Carb to go: 44 Low-Carb-Rezepte für unterwegs

***Wichtiger Hinweis:*** *Das vorliegende Buch berichtet von den persönlichen Low-Carb-Erfahrungen der Autorin und bietet eine Reihe von, nach Meinung der Autorin, gesunden Rezeptideen. Das Buch ersetzt jedoch keine medizinische Beratung. Bei Bedarf sollte vor einer kohlenhydratreduzierten Ernährungsumstellung ein Arzt konsultiert werden. Die Autorin übernimmt von daher keine Haftung oder Verantwortung für eventuell entstehende Schäden.*

# Inhalt

# Vorwort

# 1. VORWORT

Unglaublich, aber ich habe es wieder getan. Ein weiteres großes Kochbuch mit 150 Low-Carb-Rezepten in den Händen zu halten, fühlt sich unglaublich gut an. Nicht, weil ich so eine tolle Wurst bin, sondern weil meine Leser/innen mit dem Kauf meines ersten Buches dieses neue Buch erst möglich gemacht haben. Mein Dank gilt also erst einmal all denen, die bereits »Meine liebsten Low-Carb-Rezepte« daheim im Regal stehen haben. Fühlen Sie sich geknutscht und umarmt, also alles, was Ihnen jetzt hoffentlich nicht direkt unangenehm ist.

Falls dies Ihr erstes Happy-Carb-Buch sein sollte, so will ich mich Ihnen ganz kurz vorstellen. Gestatten, Bettina Meiselbach ist mein Name. Im Jahr der ersten Mondlandung geboren – rechnen müssen Sie jetzt schon selbst – lebe ich südlich von Frankfurt im letzten Zipfel von Hessen, dem schönen Odenwald.

Früher war ich sehr dick, heute würde ich meine Figur als »normal« bezeichnen. Warum ich jetzt nicht schlank oder dünn schreibe, vertiefe ich gleich noch in einem der ersten Kapitel im Buch. Über meinen Weg, 60 kg Gewicht zu verlieren und auch meiner Diabetes-Erkrankung die Rote Karte zu zeigen, habe ich im August 2014 begonnen, das Blog »Happy Carb« zu schreiben. Eine ungeplante Erfolgsgeschichte, die in einer Buchreihe mündete, dessen neuestes Werk Sie gerade in den Händen halten. Besuchen Sie mich im Internet auf www.happycarb.de und machen Sie sich ein Bild von dem, was ich in den letzten Jahren erlebt und gegessen habe. Es geht auf meiner Seite immer bunt, unterhaltsam und vor allen Dingen überaus lecker zu. Viel Vergnügen dabei!

Mit Respekt und Ehrfurcht bin ich an die neue Aufgabe herangegangen, ein weiteres großes Kochbuch zu machen. Ich bin ja selbst schuld, denn die Messlatte habe ich mir mit meinem ersten großen Kochbuch schließlich hoch gelegt. Unter der Latte durchsegeln ist keine echte Option und dem eigenen Anspruch zu genügen nicht immer einfach.

Aber wer nicht wagt, der nicht gewinnt, und so stürzte ich mich in das Unterfangen und ließ erneut Töpfe und Pfannen wirbeln und habe in meiner kleinen Küche gezaubert, was das Material hergibt. Das Ergebnis kann sich sehen lassen, verstecken sich doch einige echte Highlights im neuen Buch, die es nun durch Sie zu entdecken gilt.

Übrigens wurde der überwiegende Anteil der im Buch enthaltenen Rezepte noch **nicht** auf meinem Blog veröffentlicht! Es gibt tatsächlich mehr als 100 tolle neue Happy-Carb-Rezepte nachzukochen. Daneben noch eine ganze Reihe von Lieblingsrezepten meiner Leser/innen, die unbedingt in dem neuen Kochbuch verewigt werden mussten. Es wurde wieder ein wildes und buntes Sammelsurium von Low-Carb-Rezepten, die kaum einen Wunsch offenlassen

und die deutlich machen, dass es Low Carb so gut wie keine kulinarischen Grenzen gibt. Zumindest keine, die ich nicht schon mit Schwung und laut schmatzend niedergetrampelt hätte.

Alles ist wie gehabt von mir eigenhändig gekocht, fotografiert und, so wie Sie sehen, auch verzehrt worden. Jedes der 150 Rezepte war sehr lecker, sonst wäre es nämlich nicht im Buch. Vielleicht trifft nicht immer jedes Gericht den persönlichen Geschmack, aber das liegt in der Natur der Dinge. Und Entschuldigung, wenn nicht alles aussieht wie von einem Sternekoch fabriziert. Aber, was immer Sie nachkochen, sieht mit hoher Wahrscheinlichkeit auch bei Ihnen so aus wie bei mir, womöglich sogar noch besser. Trauen Sie sich! Mein Kochbuch ist wirklich zum Nachkochen da und nicht nur zum Blättern und Bewundern. Das dürfen Sie natürlich auch, und ich freue mich über nette Rückmeldungen in meinem Blog.

Jetzt aber genug geschwafelt und rein in das neue Happy-Carb-Abenteuer. Schnappen Sie sich Ihre Küchenschürze und zücken Sie den Kochlöffel. Sie werden beides brauchen.

Ganz viel Freude mit meinem neuen Kochbuch und lassen Sie es sich schmecken.

Ihre Bettina Meiselbach

# Wie sich das Leben verändert – mit 60 Kilogramm weniger Gewicht

# 2. WIE SICH DAS LEBEN VERÄNDERT – MIT 60 KILOGRAMM WENIGER GEWICHT

Nachdem ich in meinem ersten Kochbuch schon viel über mich und meinen Abnehmweg berichtet habe, will ich mein neues Buch nutzen, um gemeinsam mit Ihnen einen Blick zurück zu wagen. 60 kg weniger Gewicht ist eine Zahl, die selbst für mich heute noch surreal klingt und nicht immer mit meinem Körpergefühl in Einklang zu bringen ist. Ich hatte mich auf den Low-Carb-Weg zum Glück aufgemacht, was doch ganz schön nach großem Kino klingt, und jetzt, 4 Jahre nach Start der Gewichtsreduzierung, ist Zeit für eine ehrliche Bestandsaufnahme. Macht schlanker sein wirklich happy, und wie ist das Lebensgefühl mit 60 kg weniger Körpergewicht?

### Erst mal eine schnelle Zeitreise ...

Im Herbst 2013 war ich am Arsch. Entschuldigung für meine wenig damenhafte Ausdrucksweise, aber es war einfach so. Ich war kreuzunglücklich, am Boden zerstört. Über Jahre hatte ich mit Unterstützung von diversen Diäten mein Gewicht immer höher gedreht. Phasen von strengen Diäten hatten sich mit Phasen des (Fr)essens abgewechselt. Jeder Gewichtsverlust hatte zur Folge, dass ich wenig später dicker war als vorher. Wohl wissend, dass ich da Riesenmurks mache, war ich nicht in der Lage, aus dieser Spirale auszubrechen. 132 kg Lebendgewicht tun weh. Jeder, der etwas anderes erzählt, belügt sich und andere. Denn neben den mit dem Alter zunehmenden körperlichen Schmerzen, kommen auch seelische Nöte hinzu. Die Welt um einen herum wird kleiner, je höher sich das Gewicht in die Höhe schraubt. Räumlich kleiner, weil die Füße zu schnell weh tun, die Knie knarzen oder die Anstrengung, das Haus zu verlassen, vorsichtshalber gleich gescheut wird. Menschlich gesehen wurde meine Welt kleiner, weil ich mich zurückgezogen habe oder auch häufig bewusst übersehen wurde.

DAMALS

**Dick fühlte ich mich oft unsichtbar und verletzt.**

Wie oft sind mir Menschen offensichtlich ausgewichen, bei dem Versuch, in Kontakt zu kommen. Als hätte man mit Übergewicht die Pest an den Hacken und meine Kilos würden überspringen. Das waren immer wieder Messerstiche in eine Seele, die sowieso in Aufruhr war und sich häufig nur mit Essen zu helfen wusste. Da kommt dann das eine zum anderen. Da will ich von gemeinen Lästereien und Beschimpfungen gar nicht erst anfangen. Sehr stark übergewichtig sein ist auf verschiedenen Ebenen kein Zuckerschlecken. Auch wenn es jetzt schon eine Weile her ist, kann ich den Schmerz der Narben noch spüren, und mir steht das Wasser bei den Gedanken in den Augen. Dicke Menschen sind häufig sehr sensibel, auch wenn gelegentlich versucht wird, diese Verletzlichkeit hinter burschikosem Humor zu verstecken.

Dann noch diese furchtbar dünnen und besserwisserischen Ernährungsberater und selbsternannten Ernährungscoaches, die schlanken Freunde mit den freundschaftlich gemeinten guten Tipps.

**Tschakka und du musst doch nur. Es ist ganz leicht. Streng dich doch endlich mal an.**

Was hat mich diese häufig vorhandene Überheblichkeit angewidert, die mir immer wieder suggeriert hat, was für eine Versagerin ich war. »Ihr habt alle nicht mein Problem verstanden«, hätte ich öfter gerne geschrien! Nie wurde ich wirklich da abgeholt, wo ich stand. Sorry, dass ich weniger Kalorien essen sollte und mich mehr bewegen müsste, wusste ich doch damals auch. Ich war dick, aber nicht total verblödet. Wenn Essen Suchtcharakter hat, hilft 08/15-Motivationsgetrommel und Kalorientabellen alleine nicht weiter.

**Aus die Maus, ich steckte in der Falle.**

Eine schwierige Phase in meinem Leben, und ich war an einem Tiefpunkt angekommen. Dann streikte auch noch der Körper und die vielen Jahre Raubbau forderten ihren Tribut. Der berufliche Stress und Druck in Kombination mit meiner schlechten Gesamtkonstitution trieben mich in das Burnout, und in der Rehaklinik kam dann noch Diabetes Typ 2 als Zufallsbefund hinzu.

**Wenn es mal schlecht läuft.**

Es wurde also allerhöchste Zeit zu überdenken, wie das mit meinem aus dem Ruder gelaufenen Leben weitergehen soll. In dieser akuten Krisensituation, im geschützten Rahmen einer stationären Reha-Maßnahme, wurden so die Weichen gestellt, dass ich wieder Verantwortung für mich und mein Leben tragen wollte und mich nicht länger von Druck und Stress und Fressanfällen treiben lassen wollte.

### So wie früher geht nicht mehr und will ich nicht mehr.

Ich habe nach einem fettarmen kohlenhydratreichen Diätstart in der Klinik in Eigenregie einen ernährungstechnischen Komplettwechsel Richtung Low Carb vollzogen. Habe dann in der Folge moderat kohlenhydratreduziert in 18 Monaten knapp 60 kg an Körpergewicht verloren. Immer in Verbindung mit regelmäßiger Bewegung, aktiver Entspannung und, nicht zu vergessen, therapeutischer Unterstützung. Keine Angst, ich bin kein Fitness-Guru geworden, aber meine überschaubare Regel von mindestens 30 Minuten jeden zweiten Tag hat sich bis heute bewährt. Auch wurde kein Freak aus mir, nur weil ich psychologische Hilfe in Anspruch genommen habe. Ich musste mein Problem aus verschiedenen Perspektiven angreifen, und die Arbeit mit der Psychologin half mir, Geister der Vergangenheit unsichtbar zu machen, manch ungesunde Haltung aufzugeben und mich mit mir selbst zu versöhnen. Über die psychologische Seite könnte ich inzwischen ein eigenes Buch schreiben. Wer weiß, vielleicht mache ich das sogar noch.

### Was denn nun wichtig ist in Sachen Ernährung?

Eine der bedeutsamsten Erkenntnisse ist, dass alles, was für einen selbst nicht langfristig im Alltag umsetzbar ist, eigentlich auch keinen Sinn macht, sich damit kurzfristig zu terrorisieren, um dann frustriert zu scheitern. Nicht tschakka, sondern entspannt und mit Spaß bedeutet das ganz konkret für mich. Das Leben muss sich langfristig verändern und nicht nur im Rahmen einer Diät für 4 Wochen. Deshalb mache ich eben nur gemäßigt Sport und reduziere die Kohlenhydrate ebenfalls moderat. Extrem habe ich früher zeitlich begrenzt total gerne gemacht und war da immer sehr erfolgreich. Ich war die Königin der Extreme, nur leider dann auch in beide Richtungen. Nichts essen oder Berge fressen. So war jeder Erfolg nur kurz und nie dauerhaft. Jetzt, mit meiner gemäßigteren und entspannteren Haltung der kleinen Schritte, sieht die Welt auf einmal anders aus. Schade für all die tollen superstrengen Diätprogramme und Fitnessvorturner, es geht auch anders und dazu mit langfristigem Erfolg.

KEINE ANGST, ICH BIN KEIN FITNESSGURU!

**Manchmal ist etwas weniger so viel mehr.**

Besser realistische Ziele setzen und dabei immer berücksichtigen, welchen Einsatz man persönlich bereit ist dafür zu erbringen. Das Leben ist am Ende nämlich bei jedem auf einmal zu kurz geraten, und niemand will sich auf dem Totenbett dafür loben, dass er Jahre seines Lebens damit zugebracht hat, für einen Sixpack zu trainieren, den fast niemand gesehen hat. Habe ich mich früher im Diätmodus immer total aufgerieben, bis ich nicht mehr konnte, nur um dann ins andere Extrem zu schlittern, sollte es diesmal anders werden. Kein inneres Teufelchen mehr, das flüstert, »du leistest gerade nicht genug, es könnte noch perfekter gehen. Los, quäl dich«. Ich erlaubte mir bewusst eine bequemere Gangart, und zwar ohne zeitliche Befristung. Sich selbst Druck nehmen, egal wegen was, ist ein großer Schritt in die richtige Richtung.

**Wenn Sie, so wie ich, von 20 % kommen, dann sind 80 % für immer super und allemal besser als 150 % für nur 3 Wochen.**

Natürlich stoße auch ich immer wieder an meine eigenen Grenzen. Ich bin nicht Mrs. Perfect, sondern gelegentlich krabbeln auch bei mir die Geister hoch, die mir sagen »Bettina, der Tag war Mist und XY ein Blödmann, also friss und es geht dir besser«. Aber die Tage, an denen ich diesen Kampf verliere, werden immer weniger, und in gleichem Umfang werde ich immer selbstbewusster, dass ich einen für mich großen Schritt getan habe und es diesmal schaffen kann. Auch wenn der Schweinehund manchmal an den Hacken klebt oder der Selbstwert wieder klein mit Hut ist. Das Biest mit einem entspannten Lächeln abschütteln und sich über die Chancen freuen, die einem jeder neue Tag bietet. Alles eine Frage der persönlichen Einstellung und der Achtsamkeit sich selbst gegenüber.

**Wenn ESSEN nicht mehr der Mittelpunkt des Lebens ist.**

Mein wichtigster Schlüssel zu dem, was ich geschafft habe, ist sicherlich eine kohlenhydratreduzierte Ernährung, die so lecker ist, dass ich nie wieder anders essen will. Viel Gemüse, dadurch einen stets gut gefüllten Bauch, und so viele Nährstoffe, dass mein Körper wahrscheinlich im Vergleich zu früher geschockt ist. Und selbst wenn ich mal über die Stränge schlage, dann ist das mit Blumenkohl und Nüssen immer noch besser als mit Nudeln und Schokolade. Ums Essen muss ich mir keinen großen Kopf mehr machen. Das entlastet mich ungemein, wo sich doch jahrzehntelang alles nur zwanghaft ums Essen oder nicht Essen gedreht hat.

**Die neue alte Bettina.**

Ja, mein Leben und auch die Welt um mich herum haben sich verändert. Ich bin zwar immer noch die gleiche Person wie früher, habe auch noch den gleichen Schalk im Nacken, und doch fühle ich mich anders, irgendwie gereift würde ich fast sagen. Ich vermute, das kommt durch die neu gemachten Erfahrungen, denn bei dem Unterfangen, 60 kg Gewicht zu verlieren, kommt jeder an Grenzen, durch die man nicht nur sich selbst, sondern auch andere Menschen neu wahrnimmt. Ich bin mit meiner persönlichen Geschichte im Rucksack insgesamt toleranter und gelassener geworden als früher, habe mehr Verständnis für Andersartigkeit und kann besser damit umgehen, wenn andere Menschen anderer Meinung sind als ich.

### Ist doch super, so wird die Welt schön bunt.

Die daraus resultierende Gelassenheit und größere Achtsamkeit mit mir selbst lassen mich heute so manchen Stressfaktor von vornherein ablehnen, weil ich nicht mehr auf jeder Hochzeit mittanzen muss. »Macht ihr nur, wenn ihr das wollt, aber ohne mich.« Dazu setze ich Grenzen und entziehe mich Menschen und Situationen, die nicht gut für mich sind. Mein Berufsleben war früher eine Aneinanderreihung dieser unerträglichen Pflichten, und für dieses Leben habe ich zumindest dahingehend mein Pensum hoffentlich abgearbeitet. »Muss ich das wirklich und will ich das überhaupt?« Lernen, NEIN zu sagen, macht frei von vielen vermeintlichen Zwängen. Da will ich gerade nochmal daran erinnern, dass es bei Erscheinen des Buches, also im Oktober 2017, ziemlich genau 4 Jahre her ist, dass ich mich auf den Weg gemacht habe. Wir reden also von keinem Schnellschuss, sondern von einer persönlichen Entwicklung, die manchmal echt anstrengend für mich und mein Umfeld war.

Wenn Sie sich selbst auf die Reise machen wollen, dann planen Sie Zeit ein für den geraden Weg, dann noch Zeit für die Umwege, die Sie nehmen werden und nochmal ein Zeitpolster für die Rückschläge, die es auch geben wird. Es ist total OK so, denn die sind wichtiger Teil des Entwicklungsprozesses! Nehmen Sie sich bewusst Zeit für sich selbst und verwöhnen Sie Ihren Körper mit einer guten Ernährung und etwas Bewegung. Lassen Sie Ihre Seele baumeln und nehmen Sie sich die Auszeiten, die es nun mal braucht. Immer nur schnell, schnell macht irgendwann krank. Denken Sie positiv und freuen Sie sich über kleine Erfolge. Die sind nämlich auch richtig toll. Mit einer utopischen Erwartungshaltung vergiftet man nur sich selbst, und das macht unglücklich. Alles, was es braucht, ist in Ihnen vorhanden. Davon bin ich fest überzeugt. Sie müssen nur die richtige Tür öffnen und bereit sein, den neuen Raum zu betreten.

### Da waren doch die gesundheitlichen Probleme.

Meine gesundheitliche Situation hat sich bis heute gravierend verbessert. Meine Diabetes-Erkrankung habe ich zurückgedrängt und brauche keine blutzuckersenkenden Medikamente mehr. Ich bin wieder gerne unterwegs und kann wieder aktiv am Leben teilnehmen. Was habe ich alles verpasst, weil ich mir keinen 5-minütigen Fußmarsch mehr zumuten wollte. Es passt auf einmal wieder viel mehr Leben in mein Leben. Und schön ist, dazu braucht es nicht mal eine Vorzeigefigur, sondern einfach eine Wohlfühlfigur. Häufig werde ich nach meinem genauen Gewicht gefragt und ernte Verwunderung, wenn ich sage, dass das heute keine so große Bedeutung mehr hat. Ob ich 68 kg oder 78 kg wiege, ist für mich keine Frage mehr, mit der ich mich tagtäglich auf der Waage auseinandersetzen will. Viele Jahre haben das Gewicht und der tägliche Wiegewahnsinn mein Leben dominiert. Ich genieße es, dass es heute anders ist und fühle wieder eine Freiheit, die ich zuletzt als Kind verspürt habe. Soll ich mir das wegen 5 kg Irrsinn kaputt machen? Niemals, und für eine bekennende essgestörte Person dahin zu kommen, war fast nochmal so schwer, wie 60 kg Gewicht zu verlieren.

### Und, angekommen auf dem Low-Carb-Weg zum Glück?

Ja, ich bin heute glücklicher als vor 4 Jahren, wenn mich auch andere Faktoren glücklich machen, als früher vermutet. Glück definiere ich übrigens dahingehend, dass meine Erwartungen an mein Leben – ich meine damit nicht die materiellen Bedingungen – und der tatsächliche Zustand übereinstimmen oder die Ist-Situation sich besser darstellt als gedacht. Weniger Druck und Stress von außen oder, noch schlimmer, selbstgemacht, einfach wieder gerne mit mir selbst sein oder mit lieben Menschen, die mir wichtig sind. Dann werden Glückshormone ausgeschüttet und alle Happy-Lampions im Kopf sind eingeschaltet. Natürlich gibt es auch kurzfristige Glücksgefühle, wenn ich etwas Schönes sehe oder ein positives Erlebnis habe. Aber am Ende geht es doch darum, ob wir ein glücklich zufriedenes Leben haben oder ob wir frustriert sind mit dem Zustand, in dem wir mehr oder weniger freiwillig verharren. Glücksgefühle sind also sehr individuell und verschieden.

Dachte ich früher, dass mich ein niedriges Gewicht und schlankere Schenkel sicher glücklich machen würden, ist dem heute überhaupt nicht so. Das ist nur extrinsisches Beiwerk, wie ich es mal ketzerisch nennen mag. Eindeutig nicht nachhaltig glückspendend. Deshalb lohnt es sich für mich auch nicht, mich zu quälen, bis ich in eine Größe 36 oder eine vermaledeite Skinny Jeans passe. Für die Gewichtsklasse müsste ich mich nämlich echt schinden. Es wäre möglich, aber der Preis für den Energieeinsatz wäre viel zu hoch. Erstrebenswert ist für mich das Gewicht, wo ganz viel Leben und Liebe reinpasst. Und dabei bitte nicht vergessen gehört genussvolles Essen zu einem glücklichen Leben nun mal dazu.

### Ich will alles, aber jetzt eben mit einem vernünftigen Augenmaß.

Also, wer eine Ernährung sucht mit vielen Verboten und fast schon religiösen Kasteiungen, ist bei mir vollkommen falsch und sollte das Buch einfach einige Jahre aufheben. Mit dem Alter kommt manchmal auch die Erkenntnis, dass bestimmte Dinge nicht so erstrebenswert sind wie ursprünglich gedacht. Aber die Perspektive hatte ich viele Jahre nicht und habe die Weisheit erst jetzt mit dem Happy-Carb-Löffel gefuttert. Das mit der Weisheit war eher ironisch gemeint, denn am Ende bin auch ich nur ein Lehrling des Lebens.

**Woher kommen denn jetzt die aktuellen Glücksgefühle?**

Das Glück kam ganz allmählich mit den neuen Erlebnissen und Erfahrungen, die mir mit weniger Gewicht wieder möglich waren. Reisen machten wieder Freude, ein Einkaufsbummel war keine Strafe mehr. Dazu die Gewissheit, einer chronischen Krankheit in den Allerwertesten getreten zu haben, die mir sonst jede Menge Zeit und am Ende vielleicht das Leben geraubt hätte.

Ich ließ meinen Schildkrötenpanzer zurück und bin wieder unter Menschen gegangen. Lange hatte ich Sozialkontakte gemieden, und das macht auf Dauer traurig und einsam. Wieder mit einem positiven Gefühl auf andere Menschen zugehen zu können und zu interagieren, ohne Angst, beschimpft oder ignoriert zu werden, tut einfach gut und macht glücklich.

HEUTE

Die frühere berufliche Misere hinter mir gelassen zu haben und mich auf eine neue berufliche Zukunft als Autorin eingelassen zu haben, stimmt mich positiv und freudig für die Zukunft. Wer weiß, was da noch alles kommt.

Meine eigene Mitte gefunden zu haben, wieder über mehr Selbstbewusstsein zu verfügen und einfach gelassener mit den Dingen umzugehen, gibt mir heute ein gutes Gefühl. Ich mache mir weniger Druck und das in allen Bereichen, wo ich direkten Einfluss habe. Irgendein Murks passiert dann ja trotzdem immer noch, denn das nennt sich LEBEN. Aber damit komme ich inzwischen besser und meistens ohne Stressabbau mit Messer und Gabel zurecht.

**Diese ganzen kleinen und größeren Puzzleteilchen, die häufig für sich alleine nicht wichtig sind, machen dann am Ende ein Bild, auf dem ganz groß GLÜCK steht.**

Denken Sie dran:

*»Am Ende wird alles gut! Und wenn es noch nicht gut ist, ist es noch nicht das Ende.»*
*(Oscar Wilde)*

# Für immer Low Carb, aber schmecken muss es

# 3. FÜR IMMER LOW CARB, ABER SCHMECKEN MUSS ES

Das Geheimnis meines Erfolges, ich habe es gerade schon anklingen lassen, liegt in der dauerhaften Umstellung der Ernährung. Es ist nicht so, als hätte ich nicht schon immer gewusst, dass das so ist. Aber alle früheren Diäten und Versuche, die Ernährung umzustellen, sind in erster Instanz an der schnöden Bolognesesoße gescheitert.

### Was hat denn jetzt die Bolognesesoße damit zu tun?

Bei meinen 127 Versuchen, mein Gewicht zu reduzieren, folgte ich meist strengen Ernährungsplänen. Ich futterte tagelang trockene Brötchen mit Milch, habe Kohlsuppe gelöffelt, bis der Hintern einen Trompetenwirbel trötete, oder habe Ananas und Pute gegessen mit dem Gedanken, eine Hollywoodfigur zu bekommen. Alles Mist, sag ich Ihnen. Spätestens nach 3 Tagen der merkwürdigen Ernährungsweisen erschien mir im Schlaf die Bolognesesoße, und ich träumte sabbernd vor mich hin. Die Bolognesesoße wurde in jeder Diät zu einer fixen Idee von mir, die es erst wieder geben durfte, wenn das Ziel erreicht war. Meist war ich dann nach wenigen Tagen so heiß auf Bolognesesoße, dass ich alle Vorsätze habe sein lassen und schaufelte mir in der Folge einen riesigen Berg mit Spaghetti rein. Und jetzt kommen wir auf eine kleine Feinheit: Denn ich träumte immer nur von der Bolognesesoße und nie von dem Berg Nudeln. Und da lag dann eben auch der Hund begraben. Ich will mir bestimmte Genüsse und Geschmäcker nicht verwehren müssen, und mit Low Carb habe ich für mich endlich einen Weg gefunden, wie ich alles haben kann, was ich will.

### Wer träumt schon von trockenen Nudeln, wenn es Bolognesesoße zum Sattessen geben kann?

Genau das war für mich der Moment, an dem ich gemerkt habe, Low Carb und ich können allerbeste Freunde werden. Ja, sogar Freunde für den Rest meines Lebens. Denn heute pimpe ich die Bolognesesoße mit gesundem Gemüse auf und esse mich daran zufrieden satt. Keine gierigen Träume mehr und kein sabberndes Aufwachen.

### Es kann so einfach sein. Warum hat mir das nur niemand früher gesagt?

Für alle Nudelliebhaber sei vorweg gesagt, dass es ebenfalls Low Carb-taugliche Varianten gibt, um gelegentlich authentisches Nudelfeeling zu haben. Macht dann zwar etwas Aufwand, aber hin und wieder braucht es eine schöne Lasagne oder eben Spätzle. Auch damit wird Ihnen in diesem Buch geholfen, sofern Sie jetzt schon eine Kohlenhydratkrise bekommen, bevor ich überhaupt erklärt habe, womit Sie es bei Low Carb zu tun haben.

### Wie viele Kohlenhydrate sind denn eigentlich Low Carb?

Eine Frage, die sich nicht so einfach mit einem Satz beantworten lässt. Low Carb, also eine Ernährung mit wenigen Kohlenhydraten, ist nämlich nicht irgendwo in Zement gegossen. Wenn sie berücksichtigen, dass eine »normale« Ernährung fast 300 g Kohlenhydrate pro Tag beinhaltet, dann sind 20 g Kohlenhydrate Low Carb, aber 150 g eigentlich auch. Das sind schließlich auch viel weniger Kohlenhydrate. Sie merken schon, es gibt eine Vielzahl von Optionen, in welchem Umfang Low Carb die Kohlenhydrate reduziert werden können. Das ist auch prima so, denn für jedes Ziel und je nach persönlichen Vorlieben lässt sich Low Carb so umsetzen, wie es gebraucht wird und passt.

Mit 20 g Kohlenhydraten müssen Sie nur den Speiseplan anders gestalten als mit 100 g Kohlenhydraten, und das merken Sie deutlich auf dem Teller. Behalten Sie das im Blick, denn je weniger Kohlenhydrate Sie sich zugestehen, desto eingeschränkter wird die Auswahl an Lebensmitteln. Ich habe meine persönliche Grenze bei 50–100 g Kohlenhydraten gesetzt und kann damit bunt und abwechslungsreich essen, ganz so wie es mir gefällt. Andere Low Carber machen das anders, und das ist auch in Ordnung so. Nur, bitte, lassen Sie sich nie erzählen, dass einzelne Lebensmittel nicht Low Carb wären, denn dem ist nicht so.

### Low Carb ist immer auch, was Sie daraus machen!

Sehen Sie, es macht nur keinen großen Sinn, wenn ich denn weniger Kohlenhydrate essen will, High-Carb-Lebensmittel in großem Stil mit in den Speiseplan einzubinden. Dann ist nämlich mein Tages- oder Mahlzeitenbudget schnell aufgebraucht, und es sind keine Kohlenhydrate mehr für gutes Gemüse oder auch mal Linsen und Co. übrig. Ich bin keine militante Kohlenhydratverweigerin, aber ich wähle bei Happy Carb ganz bewusst aus, welche Kohlenhydrate ich essen mag und welche lieber nicht.

Haushaltszucker, die althergebrachten Sättigungsbeilagen und Backwaren im üblichen Sinn gehören auf jeden Fall bei mir nicht zu den Tellerfüllern. Ich schwelge gerne in Bergen von gesundem Gemüse, liebe Fleisch und Fisch und könnte mir die Badewanne mit sättigenden Suppen füllen. Wenn das jetzt nicht schon überzeugend klingt, lege ich nun nochmal einige Vorteile auf den Tisch.

### Low Carb, bekannt als »Zauberwaffe gegen Übergewicht«.

Zaubern tut Low Carb nicht. Bitte nicht zu früh jubilieren. Aber es fällt Low Carb relativ leicht, einige Kalorien einzusparen, weil eher kalorienreiche Sättigungsbeilagen durch kalorienarmes Gemüse getauscht werden. Dazu gibt es bei Low Carb immer eine passende Portion Eiweiß und auch ausreichend Fett im Essen, denn die fettarmen Zeiten sind zum Glück und oh Schmaus vorbei. Das Volumen der meist sehr ordentlichen Portionsgrößen und die geballte Nährstoffpower machen schön satt und zufrieden. Und das für viele Stunden, denn ein insulinbedingtes Absacken des Blutzuckers mit anschließendem fiesen Heißhunger wird in dieser Konstellation vermieden. So lässt sich lecker und mit gutem Gefühl Gewicht verlieren.

### Low Carb, die perfekte Langzeiternährung mit dem gesunden Plus.

Langfristig profitieren Sie bei der Low-Carb-Ernährung von deutlich mehr Energie, die Ihnen tagtäglich zur Verfügung steht. Davon berichten mir ganz viele Leser/innen. Fitter und wacher fühlen sie sich mit weniger Kohlenhydraten im Vergleich zu früher. Wissen Sie, der Körper lernt, dass er, neben Kohlenhydraten, bei Bedarf auch auf Fett – entweder auf körpereigenes Fett oder eben Nahrungsfett – zugreifen kann und weiß so eine fast unerschöpfliche Energiequelle in der Hinterhand. Glauben Sie mir, egal wie schlank Sie sind, es gibt Fettreserven. Und wenn dann Nahrung ausbleibt, kommt bei einem an Low Carb gewöhnten Stoffwechsel keine Krisenstimmung auf, sondern es wird ganz praktisch auf Hüftspeck zugegriffen. Das total normale Stoffwechselprogramm unserer Vorfahren. Sie müssen Ihren Körper, der von der modernen Ernährung und den darin ständig in großen Mengen zugeführten Kohlenhydraten etwas versaubeutelt ist, nur wieder daran gewöhnen, dass Fett durchaus eine probate Energiequelle ist. Er hat die Fähigkeit, zwischen Kohlenhydraten und Fett als Energiequelle flexibel zu wechseln, einfach verlernt, weil er so lange nicht dazu gezwungen wurde. Die westliche Durchschnittsernährung liefert alle 2–3 Stunden eine ordentliche Portion Kohlenhydrate, da fließen überflüssige Kohlenhydrate in die Fettpolster hinein und nicht umgekehrt. Den Spieß drehen wir jetzt mit Low Carb ganz einfach um.

Eine geringere Anzahl von Kohlenhydraten hat zusätzlich den Effekt, dass keine hohen Blutzuckerspitzen entstehen und das Fettspeicherhormon Insulin nur in moderater Menge zur Blutzuckersenkung ausgeschüttet werden muss. Das beugt Heißhungerattacken vor und hilft, schneller wieder in einen Bereich zu kommen, bei dem Körperfett aus den Zellen freigesetzt wird. Außerdem wird so die Bauchspeicheldrüse entlastet und einer eventuellen Diabetes-Typ-2-Erkrankung vorgebeugt. Wer schon Diabetiker ist, kann der Erkrankung auf diesem Weg die rote Karte zeigen und kommt unter Umständen sogar für eine lange Zeit wieder von blutzuckersenkenden Medikamenten los. Genau diesen Weg habe ich mit meiner Diabetes-Typ-2-Erkrankung sehr erfolgreich bestritten.

Natürlich bin ich ein Fan von regelmäßiger Bewegung, aber gerade die Bewegungsmuffel unter uns profitieren von der Low-Carb-Ernährung doppelt. Kohlenhydrate wollen nämlich verbrannt werden durch körperliche Aktivität. Wenn das jedoch mangels Betätigung nicht klappt und die gegessene zuckrige Energie irgendwo hinmuss, dann werden die Kohlenhydrate schön platzsparend als Fett auf Ihren Hüften gelagert. Low Carb ist also eine Ernährungsform, die gerade für unser häufig bewegungsarmes Dasein perfekt zugeschnitten ist. Merken Sie sich: Je mehr Bewegung, desto größer darf der Kohlenhydratanteil sein. Darf, aber muss nicht. Darauf will ich noch kurz hinweisen.

### Aber es geht doch nicht ohne Kohlenhydrate? Was ist denn mit dem armen Gehirn?

Ja, unser Gehirn liebt den Zucker, die Glukose (Traubenzucker), um genauer zu sein. Denn dazu werden alle Kohlenhydrate, nachdem wir sie gegessen haben. Und unser schlauer Kopf mag den Turbobrennstoff besonders, denn über viele Jahre haben wir ihn darauf getrimmt, sich nur von Glukose zu ernähren. Aber keine Angst, selbst wenn die Kohlenhydrate komplett verschwinden würden, was sie ja bei Low Carb nicht tun, ist sichergestellt, dass alles im Hinterstübchen weiterläuft wie bisher. Neben Zucker kann das Gehirns zu einem überwiegenden Teil auch noch Ketonkörper aus dem Fettstoffwechsel als Antrieb verwenden und hängt bei Bedarf einfach die Zapfsäule um. Das mag erst einmal ungewohnt und mit Umstellungsschwierigkeiten verbunden sein, aber wer sehr streng Low Carb lebt und sich damit im Zustand der Ketose (das Gehirn wird dabei aus dem Fettstoffwechsel gespeist) befindet, wird Ihnen bestätigen, dass der Zustand sehr aktivierend und positiv wahrgenommen wird. Dauer-Ketose ist nicht das Ziel von Happy Carb, aber eine spannende Form der Low-Carb-Ernährung und zumindest als regelmäßige Kur ein Zugewinn für den Körper. Ich will Ihnen jetzt an dieser Stelle nur die Angst nehmen, dass ein Leben mit wenigen Kohlenhydraten unmöglich ist oder das Denkorgan Schaden nimmt. Es ist möglich und bietet dazu noch viele Vorteile.

### Low Carb ist so einfach umzusetzen und so gesund.

Das eigentliche Plus bei der Low-Carb-Ernährung ist, dass ein Austausch stattfindet von Lebensmitteln mit hoher Kaloriendichte, wie zum Beispiel Pasta, und demgegenüber stehen Lebensmittel mit einer hohen Nährstoffdichte, wie zum Beispiel Gemüse. Die Kohlenhydrate aus den Nudeln machen nicht viel für Sie, es sei denn, Sie wollten einen Marathon laufen. Das Gemüse jedoch hat Vitamine, Mineralien, Antioxidantien, Ballaststoffe und vieles mehr. Das, gepaart mit gesundem Eiweiß, um die Dauerbaustelle Körper mit den für die Bauarbeiten notwendigen Aminosäuren zu versorgen, und dazu eine ordentliche Portion Fett, damit alle Körperprozesse richtig geschmiert laufen. Diese intelligente Kombination führt dazu, weshalb immer mehr Menschen mit der Low-Carb-Ernährung so happy sind und sich so fit fühlen wie selten zuvor.

**Aber es soll auch schmecken. Sonst wird das nix.**

Ich hatte ja schon geschrieben, dass ich früher immer an einer Bolognesesoße gescheitert bin. Wahrscheinlich war deshalb bereits das erste große Kochbuch mit mehreren Varianten bestückt. Was ich eigentlich sagen will: Ich esse gerne und gut, und dazu mag ich es, wenn der Bauch ordentlich gefüllt ist und ich mir eine kleine Gemüsekugel reiben kann.

So sind auch die Rezepte hier im Buch konzipiert. Sie werden satt, und es ist richtig lecker. Alles bei vertretbarem Aufwand, jedoch muss etwas Engagement in der Küche an den Tag gelegt werden. Egal, denn die zusätzliche Energie haben Sie ja dank der Ernährungsumstellung schon so gut wie sicher. Hochmotiviert werden Sie in der Küche hin und her springen.

Die Belohnung ist, dass es schmeckt und schmeckt und schmeckt. Das war mein Anspruch, denn ich wollte Rezepte, die auch nach 30-mal nachkochen immer noch Lust machen auf mehr Low-Carb-Genuss. Ich kenne ehrlich gesagt keine Ernährungsform, die all diese Vorteile in der Kombination bieten würde. Gut, ich bin nicht objektiv, aber das erwartet an dieser Stelle jetzt hoffentlich niemand. Geben Sie der Low-Carb-Ernährung eine Chance. Es lohnt sich.

# Mein Happy-Carb-Prinzip

# 4. MEIN HAPPY-CARB-PRINZIP

Bei meinen Überlegungen, wie ich meine eigene Low-Carb-Variante ausgestalten will, habe ich mich von verschiedenen Planeten des Low-Carb-Universums inspirieren lassen. Mein Happy-Carb-Prinzip schwebt irgendwo zwischen Lutz und Logi mit einem kleinen Einschlag von Dukan, dessen Erkenntnisse zur Relevanz des Nahrungseiweißes und der Haferkleie mich zusätzlich inspiriert haben. Auch die schwedische Variante LCHF (Low Carb High Fat) hat mich inspiriert, gerade was die Wichtigkeit des unberechtigterweise verpönten Nahrungsfettes angeht.

## Ich will immer alles. Weniger tut es nicht.

Als ich mich unterschiedlichen Ernährungsweisen und Methoden zur Gewichtsreduzierung und zur Bekämpfung meiner Diabetes-Erkrankung beschäftigt habe, wollte ich wie immer alles:

- Ich wollte auch weiterhin lecker essen und mich auf mein Essen freuen können.
- Ich wollte nicht hungern müssen, sondern wollte mich zufrieden satt essen.
- Ich wollte nichts abwiegen und nichts abzählen müssen.
- Ich wollte nicht nach festgelegtem Plan essen müssen, sondern weiterhin nach Lust und Laune flexibel bleiben.
- Ich wollte so schnell wie möglich sehr viel abnehmen.
- Ich wollte meine Diabetes-Erkrankung mit Hilfe der Ernährung im Zaum halten.
- Ich wollte nicht stundenlang in der Küche stehen, um komplizierte Gerichte zuzubereiten.
- Ich wollte einfache Regeln, die ich einhalten muss und keine studierte Ernährungswissenschaftlerin werden müssen.
- Ich wollte eine Ernährungsweise, die ich auch nach erreichtem Traumgewicht ohne Probleme beibehalten kann, um mein Gewicht langfristig zu halten.
- Ich wollte regelmäßige Bewegung mit in mein Leben integrieren, aber mit Spaß und ohne Frust und quälenden Zwang.

Unmöglich? Die Quadratur des Kreises? Dachte ich damals auch, als ich die ganzen Ernährungsratgeber durchgeackert habe und immer wieder an etwas, was mir nicht passt, hängen geblieben bin. Dann mach ich mir die Low-Carb-Welt eben so, wie sie mir gefällt. Und das habe ich mir Happy Carb dann auch getan.

Mein Happy-Carb-Prinzip beinhaltet keine feste Beschränkung der täglichen Kohlenhydrate, jedoch gibt es Grenzen, die ich mir selbst gesetzt habe und innerhalb derer ich flexibel variieren und agieren und meinen Speiseplan gestalten kann.

## Mein Happy-Carb-Prinzip

Hier erst einmal zur Übersicht in kurzer knapper Form, was sich hinter meinem Happy-Carb-Prinzip verbirgt, mit dem ich mein kleines Wunder vollbracht habe:

### Kohlenhydrate einschränken auf eine Menge von 50–100 g pro Tag.

**Bevorzugt essen:**
Reichlich buntes Gemüse und Salat, gelegentlich Hülsenfrüchte wie Linsen, Bohnen und Kichererbsen, zuckerarmes Obst in kleinen Mengen (max. 200 g/Tag), Haferkleie und daraus hergestellte Backwaren, Nussmehle, Zuckeraustauschstoff Erythrit und Stevia.

**Vermeiden zu essen:**
Getreideprodukte, Weizen, Dinkel, Roggen, Hafer (außer meiner geliebten Haferkleie), Nudeln, Backwaren, Reis, Kartoffel, Mais, verschiedene Zucker/-arten (enden mit -ose), Bananen, Trauben, Trockenobst, Süßigkeiten und ewig haltbare Fertiggerichte mit langen Zutatenlisten.

### Eiweiß reichlich essen in einer Menge von 1–1,5 g Eiweiß pro Kilogramm Normalgewicht (Körpergröße in Zentimeter - 100).

Das Eiweiß in Form von »magerem« Fleisch (auf das Fett zumindest während der Abnehmphase wegen der eingeschränkten Energiezufuhr achten) und jeder Sorte Fisch (dabei regelmäßig fetten Fisch wegen der Omega-3-Fettsäuren) verzehren.

Milchprodukte während der Abnehmphase so fettarm wie möglich, aber so fett, wie es der gute Geschmack und die Qualität des Produktes erfordern. Häufig ist ein mittlerer Fettgehalt ein guter Kompromiss. Gerne Eier, und machen Sie sich nicht so viele Sorgen wegen des Cholesterins. Der Mythos des Cholesterin erhöhenden Hühnereis ist inzwischen überholt. Hochwertiges Eiweißpulver als Zutat in der Küche erhöht die Zufuhr an Eiweiß, ohne mit vielen Kohlenhydraten oder in Hülle und Fülle Fett daherzukommen.

### Gute Fette genießen, ca. 1–1,5 g pro Kilogramm Normalgewicht (Körpergröße in Zentimeter - 100).

**Bevorzugen:** Olivenöl, Kokosöl (Kokosprodukte), Avocados, Butter aus Weidemilch, Nüsse – besonders Macadamias – und Nussöle, natives Bio-Rapsöl, Leinöl.

**Reduzieren:** Sonnenblumenöl, Sojaöl, Maiskeimöl, Distelöl, Traubenkernöl.

**Vermeiden:** Transfette und industriell verarbeitete gehärtete Fette, die häufig in Fertigprodukten vorkommen.

### Täglich 2–3 Mahlzeiten, je nach Hunger und Mahlzeitengestaltung.

Dazwischen, wenn es ihre persönliche Blutzuckersituation zulässt, nach Möglichkeit nicht essen. Nahrungspausen wie kleine Fastenzeiten einbauen, gerade in Zeiten des gewünschten Gewichtsverlustes.

**Essen nur bei echtem Hungergefühl. Langsam essen bis zur Sättigung, aber nicht darüber hinaus.**

**Kalorienfrei trinken, mindestens 2,0 Liter pro Tag.**

**Fertigprodukte, Fertiggerichte und künstliche Geschmacksverstärker meiden.**

**Zuckeraustauschstoffe und Süßstoffe so wenig wie möglich.**

**2 kleine Kalorien-Sünden« pro Woche bewusst einplanen und genießen.**

**Bewegung, aber regelmäßig.**

**Entspannung und Schlaf nicht vernachlässigen.**

Sie sehen schon anhand der Bandbreiten bei den Makronährstoffen, dass genügend Spielraum da ist, die Ernährung abwechslungsreich und bunt zu gestalten. Kein Tag muss wie der andere aussehen. Eine bunte Palette von Lebensmitteln können in den Speiseplan integriert werden.

**Auch können Sie über die Stellschrauben Kohlenhydrate und Fett die Kalorienzufuhr in Richtung Gewichtsverlust oder eben auch in Richtung Gewichtserhaltung drehen.**

*Lassen Sie uns Licht ins Dunkel bringen und ein Beispiel betrachten. Ich unterstelle ganz frech, dass Sie 1,70 cm groß sind und aktuell 100 kg wiegen. Nur rein hypothetisch.*

**Ihre tägliche Kohlenhydratzufuhr:**
50–100 g, was 205–410 Kalorien entspricht (4,1 Kalorien pro Gramm).

**Ihre tägliche Eiweißzufuhr:**
70–105 g, was 287–431 Kalorien entspricht (4,1 Kalorien pro Gramm).

**Ihre tägliche Fettzufuhr:**
70–105 g, was 651–977 entspricht (9,3 Kalorien pro Gramm).

Die denkbare Gesamtkalorienmenge pro Tag bewegt sich demnach zwischen 1143 Kalorien und 1818 Kalorien. Im Bereich der Gewichtserhaltung oder bei starker körperlicher Betätigung können Sie auch noch eine Schippe drauf legen.

**Klingt jetzt aber doch nach kompliziertem Messen und Wiegen?**

Nein, keine Angst, denn wenn Sie meinen einfachen Hinweisen zur Gestaltung der Ernährung folgen, landen Sie ganz automatisch bei einer Aufteilung der Makronährstoffe im gewünschten Bereich. Ohne groß Wiegen und Messen.

**So einfach kann Low Carb sein, wenn es Happy Carb ist.**

Aber Achtung, man kann sogar trotz Low Carb an Gewicht zulegen. Gerade die leckeren Kuchen und Knabbereien sind sehr gehaltvoll und schonen zwar den Blutzuckerspiegel, aber nicht zwingend die Hüften, wenn man das rechte Maß an Kalorienzufuhr aus den Augen verliert. Low Carb hin oder her!

**Also, immer Obacht mit den Extras. 2-mal pro Woche ist OK.**

Mir war einfach wichtig, dass die Ernährung durch die Einhaltung dieser schlichten Regeln sich automatisch sinnvoll gestaltet, ohne dass ich mich selbst mit ständigem Überwachen der Nährwerte und der Energiezufuhr terrorisieren musste. Das Leben bietet doch schönere Dinge, als das eigene Dasein permanent zu überwachen und zu optimieren.

# Der kleine Low-Carb-Küchennavigator

# 5. DER KLEINE LOW-CARB-KÜCHENNAVIGATOR

Im ersten großen Happy-Carb-Kochbuch habe ich das Thema Zutaten und Vorräte bereits sehr umfassend abgehandelt. Ich habe nun lange mit mir gehadert, wie viel Raum ich dem Thema hier im Buch erneut einräumen soll. Es geht nicht ohne, aber komplett wiederholen wollte ich mich auch nicht. Also versuche ich einen Kompromiss, der hoffentlich Ihre Zustimmung findet.

### Was es braucht für die Happy-Carb-Leckereien.

Es gibt in der Happy-Carb-Küche Lebensmittel, die sowohl in meinem Blog und auch in **allen** meinen Büchern immer wieder Verwendung finden. Das mag langweilig klingen, aber sind wir ehrlich. Wer hat Lust auf 100 geöffnete Gläser und Dosen, die nie leer werden, weil sie nur in einem einzigen Rezept vorkommen? Genauso geht es mir eben auch. Ich verwende eine, zugegebenermaßen nicht kleine, aber immer wiederkehrende Basis an Low-Carb-Mehlen und kohlenhydratfreien Süßmitteln, dazu Pasten und andere Grundzutaten. Am Ende wird alles immer mit frischen, meist überall erhältlichen Lebensmitteln gekoppelt. Das hat sich als sehr praktikabel herausgestellt.

Um nicht zu wiederholend zu werden, möchte ich die Gelegenheit nutzen und auf meine Zutaten FAQ in meinem Blog »www.happycarb.de« verweisen. Dort finden Sie gerade zu den Backzutaten jede Menge wertvolle Informationen und auch Hinweise, wie einzelne Bestandteile ausgetauscht werden können. Nur wenn Sie gleich an einem Punkt das Gefühl bekommen, dass das jetzt nicht genug Informationen sind, so können Sie diese problemlos kostenfrei online ergänzen.

Ich will Sie heute einfach mit in die Happy-Carb-Küche nehmen, und wir navigieren uns gemeinsam durch meinen Kühlschrank, schauen, was in meinen Küchenschränken lagert und erkunden, was mir mein buntes Kochen erleichtert. Dazu gibt es einige Kniffe und Tricks, die ich mir im Laufe meiner Low-Carb-Kocherei angeeignet habe und die sich als sehr praktisch erwiesen haben. Ohne Anspruch auf Vollständigkeit und Perfektion. Ich bin schließlich nur eine motivierte Hobbyköchin und keine gelernte Küchenmeisterin.

### Mit dem Kopf in den Kühlschrank.

Es gibt Produkte, die finden sich zu jedem Zeitpunkt in meinem Kühlschrank. Es lohnt also, einen Blick hinein in das kühle Gerät zu riskieren und zu schauen, was ich da so alles bunkere. Einen Teil davon werden Sie beim Nachkochen meiner Rezepte ganz bestimmt ebenfalls benötigen. Mir fielen direkt die Würzmittel auf, die ich in ausgewählter Qualität sehr gerne verwende. Rote und gelbe

Currypaste, Sambal Oelek, helle und dunkle Sojasoße, Ajvar scharf, Pesto in rot und grün, Sahne-Meerrettich und natürlich mittelscharfen Senf. Als Nächstes fiel mein Blick auf die Tomatenfraktion mit einfach konzentriertem Tomatenmark und zuckerfreiem Ketchup. Immer gut gefüllt ist das Fach mit den Milchprodukten. Quark, griechischer Joghurt, Weidebutter, Frischkäse, Hüttenkäse, Mozzarella, Feta, Cheddar, Manchego-Käse, Parmesan und mittelalter Gouda liegen zum Kochen bereit. Natürlich habe ich auch immer ausreichend Eier im Haus. Wenn nichts geht, dann gehen doch immer noch einige gebackene Eier mit Resten aus dem Kühlschrank, die dringend wegmüssen. Ein Päckchen Räucherlachs, eine Chorizowurst und Bacon in Scheiben warten auch immer auf ihren Einsatz.

Das Gemüsefach in meinem Kühlschrank ist stets gut gefüllt. Zucchini, rote Zwiebeln (ich weiß, die sollen nicht in den Kühlschrank), Paprika in rot und orange und Karotten liegen immer bereit. Damit kann ich jederzeit ein schnelles Ofengemüse zaubern und bei Bedarf auf Fleisch oder Fisch aus dem Tiefkühler zugreifen. Oder eben eine bunte Frittata mit Eiern zusammenwerfen. Eier gehen doch immer, das habe ich ja gerade schon festgestellt. Je nach Saison tummeln sich dann auch noch Kohlrabi, Steckrübe oder Kürbis im Gemüsefach. Mit dem Sortiment lässt sich etwas anfangen, und jeder Spontanbesuch von Freunden kann direkt in eine kleine Kochrunde münden.

### Allzeit bereit für eine Küchenschlacht.

Mein Haushalt verfügt über keine große Gefriertruhe, es müssen 3 Fächer unterhalb des Kühlschrankes reichen. Darin verstecken sich immer einige gefrorene Hähnchenschenkel, Lachsfilets, Garnelen, grüne Erbsen, Blattspinat, Himbeeren und ungezuckerte Mangostücke. Für das Wochenende stecken stets einige Low-Carb-Brötchen im Tiefkühler, die ich regelmäßig zum Einfrieren vorbacke. Dazu mein heiliger Vorrat an geraspeltem Blumenkohl, der sich immer in Form von 3–4 Beuteln bereithält.

**KÜCHENTIPP: Blumenkohl grob geraspelt in Gefriertüten à 500–600 g roh zur schnellen Verarbeitung einfrieren.**

Lust auf ein schnelles Blumisotto für 2? Einfach ein gewürfeltes Zwiebelchen in Olivenöl anschwitzen. Dann einen Beutel gefrorene Blumenkohlraspel zufügen und beim Braten auftauen lassen. Etwas buntes Gemüse, was immer auch zu dem Zeitpunkt gerade im Kühlschrank liegt, in kleine Würfel schneiden und mit in den Topf geben. Während das Blumisotto für 7–8 Minuten vor sich hinschmurgelt, schnell noch in einer Minipfanne einige Chorizowürfel ohne Fett anbraten. Zum Schluss 2 Esslöffel Frischkäse und geriebener Manchego-Käse unter das Blumisotto mischen und die Chorizowürfel unterheben. Mit Salz und Pfeffer abschmecken und voilá, Sie haben einen leckeren Berg von Gemüse auf dem Teller und mussten zum Einkaufen nicht mal das Haus verlassen. Sag noch mal einer, dass Low Carb schwierig wäre.

### Was bei mir auf der Arbeitsfläche rumsteht.

Entschuldigung, ich bin keine superordentliche Hausfrau. Da steht auch mal was im Weg herum oder es hat halt seinen endgültigen Platz noch nicht gefunden. So kann man das auch nett ausdrücken, finden Sie nicht? Meine liebe Freundin Birgit hat mir vor Kurzem ein hübsches Schild geschenkt, auf dem steht: »Nur langweilige Frauen haben aufgeräumte Häuser«. Ich nehme das mal als Kompliment, gebe aber zu, dass das unter Umständen missverstanden werden könnte. Ehrlich gesagt sehe ich die Küchenorganisation eher pragmatisch, ganz nach dem Motto, wo gehobelt wird, fallen Späne.

### Was in meiner Küche Chaos produziert.

Sind am Ende doch die Zutaten, die etwas doof rumstehen. Dazu gehören ein heller und ein dunkler Balsamico-Essig, ein gutes natives Olivenöl und ein kaltgepresstes Kokosöl. Auch meine Nussmuse stehen mir manchmal im Weg. Aber ich koche ganz gerne mit Mandelmus, Kokosmus und mit Erdnussmus. Hin und wieder gesellt sich noch ein Haselnussmus oder Sesammus (Tahin) dazu. Immer griffbereit habe ich eine Dose mit Erythrit, die auf der Fensterbank steht (mehr Infos gleich bei den Backzutaten), und meinen geliebten zuckerfreien Karamell-Sirup. Man kann mich auch heute noch gelegentlich mit künstlichem Geschmack locken. Es hat schon seinen Grund, weshalb die verzuckerten Kaffees aus den Plastikbechern so beliebt sind. Gegen etwas Milch mit einem Espresso und zuckerfreiem Karamell-Sirup ist auch bei mir kein Kraut gewachsen.

**KÜCHENTIPP: Verwenden Sie ruhig Olivenöl zum Braten. Nur bitte nicht zu hoch erhitzen und das Öl erst kurz vor dem Bratgut in die Pfanne geben.**

Olivenöl ist nicht so empfindlich, wie häufig gedacht. Wenn Sie einer italienischen Mamma erzählen, wie vorsichtig wir teilweise mit dem Olivenöl sind, dann lacht die sich herzlich weg. Olivenöl soll nicht rauchen und qualmen, taugt daher nicht zum sehr heißen, scharfen Anbraten, aber ansonsten ist die Bratfähigkeit hervorragend. Wenn es denn mal krachen soll in der Pfanne, dann nehmen Sie Kokosöl oder, wem das nicht schmeckt, greift zu Butterschmalz/Ghee.

### Die Dauervorräte, die einen ruhig schlafen lassen.

Immer wieder lese ich die Information, dass man für Notfälle Vorräte hamstern soll. Es könnte ja weiß Gott was passieren. Es scheint sogar Menschen zu geben, die machen aus dieser Vorratshaltung eine richtige

Wissenschaft. Meine Dauervorräte sind jetzt nicht wirklich dafür zusammengestellt, eine Hungersnot zu überstehen, aber ich glaube fast, dass ich mit der Auswahl durchaus punkten und einige Wochen durchhalten könnte. Mit verschiedenen Linsen, Bohnen, Dosentomaten, Thunfisch, Sauerkraut, Kokosmilch, Gewürzgurken, Milch bin ich da nicht so schlecht aufgestellt. Dann noch einen Satz Gewürze wie Curry, Paprika, Kräuter, Salz und Pfeffer und ein Gemüsebrühepulver, das mit viel Gemüse und ohne Glutamat oder Hefeextrakt daherkommt. Damit kommt man schon ganz schön weit, selbst wenn der Supermarkt geschlossen hat.

**KÜCHENTIPP: Angebrochene Dosen mit Kokosmilch umfüllen und, je nach Bedarf, im Kühlschrank aufbewahren oder für die Zukunft portionsweise einfrieren.**

### Wenn das Verlangen nach Brot und Kuchen erwacht.

Um eine Low-Carb-Bäckerin oder ein -Bäcker zu werden, braucht es einige Spezialzutaten. Ich kann Ihnen das nicht ersparen, denn alle althergebrachten Zutaten bestehen überwiegend aus Kohlenhydraten und funktionieren nicht mehr im neuen System. Low-Carb-Backen ist jedoch keine Pflicht, sondern die Kür der neuen Ernährungsweise. Es geht auch prima ohne. Gerade wenn Gewicht purzeln soll, ist es auch besser, diese superleckeren Backwerke nur sehr dosiert zu genießen, denn meist kommen die mit ordentlich Kalorien auf den Teller. Aber manchmal machen sie das Low-Carb-Leben einfach schöner, und ich wollte mein gelegentliches Stück Kuchen nicht missen.

### Aus was sind denn nun Low-Carb-Kuchen und Brote?

An Inhaltsstoffen kommen bei den Low-Carb-Backwaren ganz andere Mehle und Zutaten ins Spiel, von denen Sie vielleicht noch nie gehört haben. Da fange ich bei den Süßmitteln mit Erythrit und Xylit an, was beides Zuckeralkohole sind, die keine oder zumindest weniger Kalorien haben. Von der Konsistenz her wie Haushaltszucker, haben beide Stoffe das kohlenhydratarme Backen in meinen Augen revolutioniert. Mein Favorit ist dabei das Erythrit, denn das ist vom Darm her besser verträglich, hat keine Kalorien und keine Auswirkung auf den Blutzucker. Dazu ist es ungefährlich für Hunde, die den Genuss von Xylit nämlich nicht vertragen. Blöderweise süßt Erythrit nur zu 70 % im Vergleich zum Zucker, und ich verstärke die Süße daher gerne mit Stevia. Auch Stevia als Streupulver in Kombination mit Erythrit wird Ihnen daher in meinen Rezepten begegnen.

**KÜCHENTIPP: Die Mischung von Erythrit und Stevia macht eine angenehme Süße, denn jedes Süßmittel hat für sich alleine Nachteile (Erythrit ist kühl auf der Zunge und süßt schwächer, und Stevia hat einen bitteren Beigeschmack), die in der Kombination jedoch nicht mehr vom Gaumen wahrgenommen werden.**

**Die wilden Mehle der Low-Carb-Klasse.**

Ja, Low-Carb-Kuchen und Co zu zaubern ist kein billiges Vergnügen, denn die Grundstoffe, aus denen die eingesetzten Mehle hergestellt sind, haben ihren Preis. Mandeln sind zum Beispiel teurer als Weizen, daran wird sich höchstwahrscheinlich auch nichts ändern, und jammern lohnt nicht. Die hohe Nachfrage nach Mandeln macht den Spaß eher noch teurer, woran wir mandelliebenden Low Carber nicht ganz unschuldig sind. Ich mische deshalb verschiedene Grundzutaten und habe über die Jahre einen relativ stabilen Mix an Backzutaten erprobt, die sich in meinen Rezepten immer wieder finden lassen. Darunter sind auch Zutaten, die unkompliziert und über einen längeren Zeitraum aufzubewahren gehen und die in der Anschaffung weniger kostspielig sind. Nicht alle Zutaten sind Diven wie die Nussmehle.

**KÜCHENTIPP: Achten Sie auf die Qualität der einzelnen Produkte, denn das Eiweißpulver A kann ganz anders sein als das Eiweißpulver B. Ob ein Backversuch gelingt oder nicht, hängt häufig mit der Auswahl der geeigneten Zutaten zusammen.**

An dieser Stelle verweise ich nochmal auf meine Zutaten FAQ auf meinem Happy-Carb-Blog oder auf mein erstes großes Kochbuch, wo ich in Gänze auf die Feinheiten der Low-Carb-Backzutaten eingehe.

Low-Carb-Backen ist wunderbar, wenn man passende Zutaten hat. Erfreulicherweise sind die Zutaten in der Beschaffung überhaupt nicht mehr schwierig, denn fast alles bekommt man im gut sortierten Supermarkt, Bio-Markt, Reformhaus, und selbst Drogeriemärkte führen eine Vielzahl der eingesetzten Produkte. Und wer es einfacher will, bestellt praktisch im Internet. Es gibt eine Fülle von Internetshops, die sich genau auf diese Art von Lebensmitteln spezialisiert haben. Tauchen Sie ein in die Welt des Mandelmehls, freuen Sie sich am Aroma des Kokosmehls. Staunen Sie über die sensationelle Backfähigkeit von Eiweißpulver.

**KÜCHENTIPP: Das nicht entölte Mandelmehl kann auch mit gemahlenen blanchierten Mandeln aus dem Backregal getauscht werden. Lediglich die Körnung ist gröber.**

Genießen Sie das feine Aroma von Mehlen aus Walnüssen, hellen oder dunklen Leinsamen, Hanfsamen oder Macadamias. Lernen Sie kohlenhydratreiche Kartoffel neu kennen in Form von stärkearmen Kartoffelfasern. Ja, da gibt es echte Verrücktheiten zu entdecken, mit denen sich tolle Low-Carb-Gerichte zaubern lassen.

**KÜCHENTIPP:** **Entölte Nuss- und Saatenmehle können häufig sehr gut untereinander getauscht werden. Das spart Platz, und die empfindlichen Mehle werden schneller aufgebraucht.**

Die Low-Carb-Zutatenwelt ist überraschend, vielleicht erst einmal verwirrend, aber am Ende wird auch das stinknormal. Es ist wie mit dem Autofahren. Lernen Sie, dass Low-Carb-Mehle keine Bindung geben mangels Klebeeiweiß und deshalb immer ein Bindemittel zugefügt werden muss (Guarkernmehl, Johannisbrotkernmehl, Xanthan). Wundern Sie sich über das Quellvermögen von Flohsamenschalen, die als fast reine Ballaststoffe ihren Darm in Schuss halten. Entscheiden Sie, ob Sie Getreide komplett vom Speiseplan streichen oder, so wie ich, ein Fan der Haferkleie werden. Komplexe Kohlenhydrate, jede Menge B-Vitamine, positive Effekte auf den Cholesterinspiegel, eine gute Lagerfähigkeit und ein günstiger Preis machen die Haferkleie zu einem meiner persönlichen Favoriten.

**KÜCHENTIPP:** **Teige mit Haferkleie sind höllisch klebrig. Um Brötchen und Co zu formen, hilft es, wenn die Hände vorher mit Wasser nass gemacht werden.**

## Worauf ich in meiner Küche nicht verzichten kann.

Es gibt unglaublich viele Dinge, die jeder von uns in seiner Küche hat. Ich will jetzt auch keine Basisausstattung mit Ihnen durchgehen, sondern Ihnen einfach einige Dinge benennen, die ich überdurchschnittlich häufig im Einsatz habe bzw. Sachen, die mir das Low-Carb-Leben einfacher machen.

**Die kleinen Backformen** – sind mir auf jeden Fall unverzichtbar. Ich backe Kuchen und Brot meist in kleinen Formen, und auch die Rezepte sind häufig auf 18–20 cm ausgelegt. Mehr Kuchen braucht es nicht, es sei denn, Sie haben eine Großfamilie zu versorgen. In jedem Rezept steht natürlich die verwendete Backformgröße dabei und Anpassungen sind möglich. Kleiner Tipp am Rande: Mini-Backformen helfen, die Figur zu halten, so viel ist sicher.

**Die Vierkantreibe** – ein Utensil, das fast täglich im Einsatz ist. Mal etwas Käse hier, mal eine Karotte dort. Gerieben, auch in kleinen Mengen, wird in meiner Küche viel. Und bevor ich den großen Maschineneinsatz in Gang bringe, ist das eine oder andere viel schneller mit der Vierkantreibe aus Metall zerkleinert.

**Das kleine Küchensieb** – leistet mir gemeinsam mit meinem Schneebesen beste Dienste, wenn ich Soßen mit Johannisbrotkernmehl andicke. Was hatte ich früher Klumpen in jedem Essen, wenn ich versucht habe, das Low-Carb-Bindemittel mit Wasser anzurühren. Nun rühre ich das Johannisbrotkernmehl direkt mit Hilfe des kleinen Siebs und einem Schneebesen in die nicht mehr kochende Flüssigkeit ein, rühre alles gut unter die komplette Menge und lasse den Inhalt einmal kurz aufkochen. Fertig!

**Klümpchen ade, und das so einfach.**

**Eine Blumenkohlraspelmaschine** – braucht der Low-Carb-Profi. Ob es nun die Staubsaugermaschine oder eine andere Küchenmaschine ist. Ein Gerät, das den Blumenkohl grob raspeln kann, ist Gold wert. Natürlich klappt das auch mit der Vierkantreibe, irgendwie und unter Einsatz Ihres Lebens, und wenn Sie dazu noch Lust haben, die kleinen widerborstigen umherfliegenden Blumenkohlfitzelchen in der Küche zu fangen. Keine Ahnung, warum nach dem Blumenkohl schreddern immer die halbe Küche mit dem Zeug voll ist, aber je händischer der Einsatz, desto gravierender dieser leidige Effekt. Lassen Sie sich, wenn möglich, von der Technik helfen.

**Kleine Messlöffel** – sind superpraktisch, weil manchmal ¼ Teelöffel eine ganze Welt entfernt ist von ½ halben Teelöffel. Da denke ich besonders an die Bindemittel, wo schnell aus einem selbst geschätzten ½ Teelöffel eine Pampe werden kann, als wollten Sie ihr Wohnzimmer flächendeckend damit tapezieren. Vorsicht bei allem, was in den Rezepten in Kleinstmengen angegeben ist!

**Den Pürierstab** – brauche ich mehrfach pro Woche. Ob nur eine Suppe püriert wird oder ein Mozzarella zerkleinert wird für den Kuchenteig. Ob für eine Tomatensoße oder einen Shake: Ein Pürierstab ist, zumindest wenn man keine passende Küchenmaschine hat, ein absolutes Muss.

**Eine Dauerbackfolie** – hilft, wenn der Teig wehrhaft ist beim Ausrollen. Viele Teige, insbesondere die mit Mozzarella als Basis, lassen sich nicht gut ausrollen. Zu fest, um einfach ausgestrichen zu werden, und zu weich, um mit dem Teigroller vernünftig gerollt werden zu können. Dazu sind die Teige oft klebrig und bleiben an den Gerätschaften haften. Daher lege ich zwischen Teig und Teigroller immer meine Dauerbackfolie, die das Problem ganz einfach löst. Sie können sich auch mit einem zweiten Blatt Backpapier behelfen, aber die Dauerbackfolie lässt sich reinigen und kommt auf Dauer günstiger.

**Der gute alte Tortenheber** – schafft es bei mir in die Top meiner liebsten Haushaltsgegenstände. Ich will gerne sagen weshalb, und wieder ist der störrischer Low-Carb-Teig der Verursacher. Eine Reihe von Teigen, z.B. für verschiedene Rollen, Blumisagne, Flammkuchen, Pizza und Co, sind zu weich, um ausgerollt zu werden. Die müssen gleichmäßig ausgestrichen werden, häufig bis in die Ecken des Backbleches. Mit einem Messer klappt das nicht gut und als Wenigbäckerin bin ich mit Spateln und Zeugs nicht gut ausgestattet. Als perfekt geeignet für das Ausstreichen von weichen Teigen hat sich der gute alte Tortenheber gezeigt. Bin ich früher fast verzweifelt, weil der Teig sich nicht gut verteilen ließ, ist es mit dem in fast jedem Haushalt verfügbaren Gegenstand ein Kinderspiel.

**Die Ofenform** – ohne die fast nichts geht. Ich weiß nicht, wie oft ich in diesem Buch eine Ofenform einsetze, um Gemüse zu rösten oder etwas anderes im Ofen zuzubereiten. Ich meine damit fast immer eine emaillierte schwarze Ofenform in der Größe von 25 x 36 cm aus der Serie »Discounter«, die es dort 2-mal im Jahr dort für ca. 6,99 Euro zu kaufen gibt. Ehrlich gesagt fahre ich ohne diese Ofenform nicht mal in den Urlaub. Zumindest, wenn wir eine Ferienwohnung bewohnen, sind diese praktische Ofenform und ein gescheites Gemüsemesser immer mit im Auto dabei.

Manchmal ist es doch ganz erstaunlich, was sich so im Laufe der Arbeit als »wichtige« Dinge in der Küche herausstellen, und einige wurden für mich wirklich erst relevant, seit ich Low Carb koche.

**Ich hoffe, der eine oder andere Tipp aus meiner praktischen Erfahrung hilft Ihnen weiter.**

# Die Hauptdarsteller in meiner Küche – Happy Food

# 6. DIE HAUPTDARSTELLER IN MEINER KÜCHE – HAPPY FOOD

Die Happy-Carb-Küche lebt von den unterschiedlichen Zutaten. Bunt, geschmackvoll und nährstoffreich soll das Essen am Ende auf dem Teller sein. Dabei gibt es Lebensmittel, die Ihnen hier im Buch immer wieder begegnen werden. Der Grund ist einfach, denn die Sachen schmecken mir, und alles, was hier im Buch zu sehen ist, wurde schließlich von mir gekocht und gegessen. Darüber hinaus glaube ich, dass die verwendeten Lebensmittel helfen, den Körper mit allem zu versorgen, was er dringend braucht. Die Auflistung ist nicht vollständig, und das soll auch kein Aufruf sein, nur noch wie wahnsinnig diese Lebensmittel zu verzehren. Aber als Teil einer ausgewogenen Low-Carb-Ernährung kommt man zumindest bei Happy Carb nicht vorbei an:

## BLUMENKOHL

Der Blumenkohl ist von der Low-Carb-Speisekarte nicht wegzudenken. Isst der Durchschnittsbürger etwa 7 kg Blumenkohl pro Jahr, traue ich den Low Carbern locker die dreifache Menge zu. Was auch gute Gründe hat. Blumenkohl ist der perfekte kalorienarme Bauchfüller mit wenigen Kohlenhydraten im Gepäck. Der Geschmack ist mild und verbindet sich mit vielen anderen Geschmacksnoten, ohne dabei kohlig aufdringlich zu sein. Er glänzt mit Vitamin C, Folsäure, Panthothensäure, Niacin und Provitamin A. Dazu bringt er noch die Mineralstoffe Calcium, Kalium und Phosphor sowie Kupfer und Zink auf den Teller. Wer jetzt denkt, dass Blumenkohl schwer verdaulich ist, der irrt. Denn Blumenkohl ist die am leichtesten verdauliche Kohlsorte. Blumenkohl-Saison in Deutschland ist von Ende Mai bis Ende Oktober, und gerade im Sommer lässt sich so manches knubbelige Gemüse günstig auf den Märkten der Nation erstehen. Blumenkohl macht alles mit und nimmt nur wenig übel. Die Einsatzmöglichkeiten sind riesig. Wer einmal das Blumisotto mit Pilzen und Hähnchen (Rezept Seite 119) oder die Haschee-Blumisagne (Rezept Seite 102) genossen hat, wird dem Blumenkohl genauso verfallen sein wie ich. Als Basis für Püree, in Form von Suppen und Salaten und natürlich flachgedrückt als Pizzaboden. Blumenkohl macht alles duldend mit. Was freue ich mich, dass der Blumenkohl meinen Happy-Food-Reigen eröffnet, auch wenn eigentlich nur das Alphabet die Grundlage meiner Sortierung ist.

## CURRY

Lese ich Curry, träume ich von Bollywood, knalligen Farben und rieche Gewürze. Curry, und ich meine damit das Currypulver, ist jedoch eine englische Erfindung. Doch gut, dass die linksfahrenden Inselbewohner in der Welt umhergekommen sind und dabei unter anderem eine leckere Gewürzmischung herausgekommen ist. Bis zu 36 verschiedene Gewürze können im Curry sein, von denen sehr viele wertvolle Eigenschaften haben. Ein Hauptbestandteil des Currypulvers ist Kurkuma, was dem Curry auch die wunderbare gelbe Farbe verleiht. Dieses Kurkuma tut sich besonders hervor, wenn es um die gesundheitlichen Vorteile des Currypulvers geht. Der regelmäßige Genuss soll nämlich die Zellen schützen, entzündungshemmend wirken, den Blutzuckerspiegel stabilisieren, freie Radikale bekämpfen, das Immunsystem pushen, den Stoffwechsel ankurbeln und noch so einiges mehr. Dabei ist das im Kurkuma enthaltene Curcumin der kleine Wunderwirkstoff, der so potente Wirkungen haben soll. Wichtig! Um Curcumin für den Körper verwertbar zu machen, die Bioverfügbarkeit ist leider sonst nämlich lausig, braucht es etwas Fett und etwas Piperin. Mit dem Fett ist einfach, da haben Sie recht. Werfen Sie einen Blick auf den leckeren Gemüse-Hähnchen-Currytopf (Rezept Seite 80), denn die Kokosmilch bringt lecker das Fett mit, um das Curcumin verwertbar zu machen. Bliebe noch das Piperin, was Sie einfach mit etwas schwarzem Pfeffer der Mahlzeit zuführen können. Keine Chemie und keine Hexenküche, und doch erhöht sich die Verwertbarkeit des Curcumins um zweitausend Prozent. Rezepte mit Curry als Pulver oder in Pastenform gibt es im Buch reichlich, mir fällt da spontan die Kokos-Curry-Chinakohl-Lasagne (Rezept Seite 126) ein.

## EIER

Ich hätte mir nicht träumen lassen, dass ich mal Hühnereier als ein gesundes Lebensmittel anpreisen würde. So tief steckt in mir die Aussage, dass Eier ungesund sind und das enthaltene Cholesterin mein Leben gefährdet. Steckt nicht in uns allen noch diese Angst, die einem über Jahrzehnte eingebläut wurde? Schütteln Sie die besser ab, denn ganz offensichtlich gehören Eier zu den nährstoffreichsten Lebensmitteln auf der Welt. Irgendwie ja auch verständlich, denn aus dem Ei entsteht bei Befruchtung ein Küken, und die darin enthaltenen Nährstoffe müssen dazu ausreichen, dieses neue Leben entstehen zu lassen. Eier enthalten einen bunten Strauß von Vitaminen, Mineralien, Eiweißen und guten Fetten. Ich will da gerne einige der enthaltenen Stoffe benennen. Das Ei glänzt mit einer guten Portion Vitamin B12, B5 und B2. Ich flachse immer, ein Ei sei besser als eine Beruhigungspille mit den enthaltenen B-Vitaminen. Es findet sich dazu Vitamin A, D und E im Ei und dazu eine nennenswerte Menge des Spurenelements Selen, was für unsere Stoffwechselprozesse essentiell wichtig ist. Darüber hinaus findet sich eigentlich fast alles an Nährstoffen (Kalzium, Eisen, Kalium, Zink, Mangan, Lecithin, Folsäure) im Ei, was wir zum Leben brauchen. Ein großes Ei enthält nur 77 Kalorien, sechs Gramm hochwertige Eiweiße, fünf Gramm Fett und nur low-carb-freundliche Spuren von Kohlenhydraten. Besonders will ich darauf hinweisen, dass im Eigelb auch noch wichtiges Cholin enthalten ist, was unser

Körper für die gesunde Funktion von Leber und Gehirn benötigt. Gelegentlich kommt das wichtige Cholin bei vermeintlich »sehr gesunden Ernährungsweisen« zu kurz. Gerade in der Schwangerschaft ist Cholin ein wichtiger Nährstoff und schützt vor neuralen Schäden beim Ungeborenen. Was ich an Eiern so gerne mag, ist, dass sie unglaublich gut sättigen. Mit einem Ofen-Eierfrühstück (Rezept Seite 20), bin ich für mindestens 6 Stunden gut gefüllt und mit allem perfekt versorgt, damit ich fit und leistungsfähig sein kann. Mehr Mut zum Ei, nur die Qualität sollte stimmen, also bitte von den Freiland- oder Bio-Hühnern kaufen. Wer das Glück hat, direkt beim Kleinerzeuger zu kaufen, sollte das tun. Wochenmärkte sind da häufig eine gute Gelegenheit. Hühner, die im Freien picken, also sich von Körnern, Pflanzen, Schnecken, Insekten und Würmern ernähren, erzeugen nährstoffreichere Eier als die Mädels im Stall. Also, Augen auf bei der Eierwahl, denn jedes Ei muss bei uns gekennzeichnet sein. Was denn nun mit dem Cholesterin ist, das Ihnen noch Angst macht. Cholesterin ist lebenswichtig und wird zum größten Teil von unserem Körper selbst hergestellt. Je weniger Sie davon essen, desto mehr stellt Ihr Körper her. Das Cholesterin aus dem Ei ist inzwischen rehabilitiert, weil es erwiesenermaßen keinen großen Einfluss auf den Cholesterinspiegel hat. Ein Verzicht auf nährstoffreiche Eier ist also nicht nötig, sofern nicht irgendwelche medizinischen Besonderheiten vorliegen.

## HAFERKLEIE

Wenn Sie sich den Kohlenhydratgehalt von Haferkleie anschauen, dann ist der mit 55 g Kohlenhydrate auf 100 g Haferkleie für eine Low-Carb-Ernährung schmerzlich hoch. Wenn Sie Ihre persönliche Kohlenhydratgrenze sehr niedrig ansetzen, also immer unterhalb z.B. 50 g Kohlenhydraten pro Tag bleiben wollen, dann lassen Sie besser die Finger weg von der Haferkleie. Alle, die etwas happy carbiger unterwegs sind, können jedoch die Haferkleie in vernünftigen Mengen in die Ernährung einbauen. Weshalb ich so ein großer Fan der Haferkleie bin, will ich gerne darlegen. Haferkleie klingt langweilig und nicht wirklich lecker. Aber das trügt, denn Haferkleie ist unglaublich vielfältig einsetzbar, und dazu ist Hafer meiner Meinung nach das einzige Getreide, das mit einem wirklich tollen Eigengeschmack punkten kann. Während Haferflocken aus dem kompletten Haferkorn hergestellt werden, besteht Haferkleie nur aus dem Keimling und den Randschichten des Haferkorns. In diesen Bestandteilen steckt der Großteil der Vitamine und Mineralstoffe des Haferkorns und natürlich jede Menge Ballaststoffe. Also geballte Haferpower. Haferkleie punktet dabei mit Kalium, Magnesium, Eisen, Calcium etc. und der ganzen Klaviatur der Vitamine der B-Gruppe, und auch Vitamin E ist reichlich vorhanden. Der Eiweißgehalt ist mit etwa 15 g auf 100 g Haferkleie recht ordentlich und lässt sich so prima in fleischlose Low-Carb-Gerichte einbringen. Diese perfekte Konstellation sorgt auch dafür, dass Haferkleie unglaublich gut und auch überdurchschnittlich lange satt macht. Bitte das Trinken zur Haferkleie nicht vergessen, denn die Ballaststoffe brauchen Flüssigkeit, um zu quellen und ihr volles Können zu zeigen. Wo wir gerade bei den Ballaststoffen sind. Sie wissen schon, die Stoffe, die den Darm gesund und auf Trab halten. Davon bringt die Haferkleie nichtlösliche Ballaststoffe mit, also die nicht verdaulichen Faserstoffe, jedoch enthält Haferkleie auch reichlich von einem löslichen Ballaststoff, der viele positive Eigenschaften mitbringt: das Beta-Glucan! Nie gehört? Das sollte sich ändern, denn dieser tolle Stoff im Hafer tut so einiges für uns. Das Beta-Glucan bindet zum Beispiel im Darm cholesterinhaltige Gallensäure und scheidet diese aus. Haferkleie hat damit eine cholesterinsenkende Wirkung. Dann hat das Beta-Glucan einen positiven Einfluss auf den Blutzucker und ist gerade für Diabetiker ein zu bevorzugendes Lebensmittel. Das Beta-Glucan wird, und das werden Sie merken, wenn Sie einen Teig produzieren wie für die Easy-Low-Carb Brötchen (Rezept Seite 223), wie ein klebriger Kleister, der auf dem Weg durch den Magen-Darm-Trakt verhindert, dass alle Kalorien und auch enthaltene Kohlenhydrate dem Stoffwechsel zugeführt werden. Es spricht also viel dafür, die gute Haferkleie regelmäßig in den Speiseplan einzubinden. Wenn Sie nicht gerade an Zöliakie (Glutenunverträglichkeit) oder einer anderen Erkrankung leiden, die Getreide komplett unmöglich machen, ist gegen den Verzehr nichts einzuwenden.

## HIMBEEREN

Obst sind die Süßigkeiten der Natur, und mit dem enthaltenen Fruchtzucker muss dosiert umgegangen werden. Umso schöner ist, dass mein Lieblingsobst ein perfektes Happy Food ist. Unglaublich lecker, reich an Vitaminen und Mineralien und dann noch in Kombination mit wenigen Kohlenhydraten. Himbeeren enthalten nämlich nur 4,8 g Kohlenhydrate auf 100 g. Warum in die Ferne schweifen, um exotischen Superfoods zu frönen, wo doch unsere heimischen Powerfrüchte so viel zu bieten haben. Himbeeren gehören zu den nährstoffreichsten hiesigen Obstsorten. Sie stecken voller Vitamine, Mineralstoffe, Antioxidantien und haben eine gute Portion Ballaststoffe. Mit einer Portion Himbeeren versorgen Sie sich mit ordentlich Vitamin C, Vitamin A und auch B. Auch Eisen ist in den Himbeeren enthalten, und das kann in der Kombination mit dem Vitamin C besonders gut verwertet werden. Aber auch Mineralstoffe wie Kalium, Phosphor, Kalzium und Magnesium sind in nennenswertem Umfang enthalten. Wie so oft, wenn die Natur uns ein perfektes Nährstoffpaket liefert, ist der natürliche Farbstoff eine besondere Erwähnung wert. Die herrliche kräftige Farbe der Himbeeren enthält nämlich reichlich Antioxidantien, also sekundäre Pflanzenstoffe. Diese Anthocyane, also die roten und violetten Farbstoffe, sind ein regelrechter Jungbrunnen und wirken als Radikalfänger, schützen so die Körperzellen vor Zerstörung. Wo die Körperzellen intakt und gesund sind, haben

Krankheiten schlechte Karten, ihr Unwesen zu treiben. Mit dem Thema Krebs und Himbeeren wurden schon halbe Bücher gefüllt. Es ist so, dass die leckere Himbeere in nennenswertem Umfang Ellagsäure enthält. Für diesen Stoff konnte in Tiermodellen und in menschlichen Zellkulturen eine krebsvorbeugende Wirkung nachgewiesen werden. Ehrlich gesagt, selbst wenn es nichts hilft, schmecken Himbeeren immer noch unverschämt gut, und die fröhliche Farbe macht happy. Ob zum Snickers-Joghurt (Rezept Seite 54) oder auf dem »Der wird nicht gebacken-Kuchen« (Rezept Seite 256), lassen Sie sich Himbeeren schmecken. Am besten frisch aus dem Garten. Die Himbeerzeit geht von Juni bis September. Nach der Saison ganz einfach auf ungezuckerte tiefgefrorene Ware umsteigen.

## KAROTTEN/MÖHREN

Bunt ist gesund, denn in der Farbe der bunten Lebensmittel stecken meist Stoffe, die für unsere Gesundheit wichtig sind. Wahrscheinlich will uns die Natur schon mit der Farbe zurufen: »Iss mich, ich bin gut für dich.« So ist es auch mit den Karotten oder als Möhren bekannt. Etwas sind die orangenen Stangel ja in Verruf gekommen, schließlich kommt Wurzelgemüse doch mit einigen Kohlenhydraten aus der Erde, und dazu verändert sich der Glykämische Index, wenn Karotten gekocht werden. Hui, die Karottenstärke gelatiniert, und bumms wird für manche Menschen die Karotte zum No-Eat-Lebensmittel. Machen Sie sich nicht verrückt. Selbst wenn der Glykämische Index höher ist, müssten Sie, um die Blutzuckerreaktion einer Tafel Schokolade auszulösen, auf einen Schlag 800 g gekochte Karotten futtern. Alles machbar, aber auch nicht wirklich realistisch. Das nur am Rande, weil immer wieder Schnappatmung entsteht, wenn bei einer Low-Carb-Ernährung 50 g Karotten auf dem Teller sind. Alles eine Frage der Dosis und des Verstands. Zurück zur Farbe der Karotten. Die bekommt die Möhre durch ihren hohen Anteil an Beta-Carotin. Daraus stellt der Körper im Dünndarm Vitamin A her, was wiederum unter anderem wichtig ist für unser Knochenwachstum und, wer hätte das gedacht, für die Gesundheit unserer Augen. Da war doch was mit den Hasen ohne Brille. Dieses zellschützende Carotin kann vom Körper jedoch nur in Verbindung mit etwas Fett aufgenommen werden. Grund genug also, an das Möhrengemüse etwas Olivenöl oder Butter zu geben. Das schmeckt dann auch gleich noch mal so gut. Des Weiteren sind die in Möhren enthaltene Carotinoide, Lutein und Lycopin, effektive Waffen gegen freie Radikale und schützen so vor altersbedingten Erkrankungen. Neben den verschiedenen Carotinoiden enthalten die Möhren auch noch viele weitere Vitamine und Mineralstoffe sowie einen hohen Anteil an verdauungsfreundlichen Ballaststoffen. Keine Idee, wie Karotten in den Speiseplan integriert werden können? Dafür haben Sie jetzt ja dieses Kochbuch, und als ersten Tipp habe ich den Veganen Curry-Linseneintopf (Rezept Seite 71) und dann noch das de-

liziöse Zitronen-Tomaten-Hähnchen aus dem Römertopf (Rezept Seite 100). Guten Appetit!

## KOKOS

Jetzt wird es tropisch, denn es geht um die leckere Kokosnuss. Zu kaufen gibt es die Kokosnuss einmal so, wie die Natur sie liefert, am Stück und mit harter brauner Schale. Wer es schafft, die Kokosnuss zu öffnen, ohne sich dabei umzubringen, kann sich an herrlichem Kokoswasser erfreuen. Darin findet sich Kalium, Calcium, Natrium, Phosphor, Eisen, Zink, Mangan, Selen und Kupfer. Klingt wie ein Industrie-Sportlerdrink, nur viel besser. Aber das Kokoswasser ist nur ein Höhepunkt der Kokosnuss, denn das weiße Fruchtfleisch mit vielen Ballaststoffen, wertvollen Fetten und einer Reihe von Mineralstoffen, dabei will ich das Kupfer hervorheben, ist der Hauptbestandteil der Kokosnuss. Aus dem weißen Kokosnussfleisch wird eine Vielzahl von Produkten hergestellt, von denen Ihnen eine ganze Reihe hier im Buch begegnen werden. Vom ballaststoffreichen entölten Kokosmehl, über die cremige Kokosmilch bis hin zu Kokosraspeln und Kokoschips. Da gibt es noch die pürierte Variante, das Kokosmus, und dann am Ende noch das feine kaltgepresste Kokosöl aus der ersten Pressung. Die Kokosnuss fällt auf durch die wenigen Kohlenhydrate und das umfangreich enthaltene Fett. Perfekte Voraussetzungen, um ein Low-Carb-Star zu werden, was der Kokosnuss in den vergangenen Jahren erfolgreich gelang. Neben den bereits genannten Vorteilen der Ballaststoffe und Mineralien, lohnt ein Blick auf das in der Kokosnuss enthaltene Fett. Das Fett aus der Kokosnuss, das Kokosöl, besteht zu etwa 90 % aus gesättigten Fettsäuren, was eigentlich erst einmal sehr ungünstig klingt. Aber bei genauerer Analyse ist festzustellen, dass es sich bei den gesättigten Fettsäuren des Kokosöls etwa zu 60 % um wertvolle mittelkettige gesättigte Fettsäuren (z.B. Laurinsäure) handelt, die viele positive Eigenschaften haben. Kokosöl ist vom Körper unglaublich leicht verwertbar und belastet kaum den Verdauungstrakt, da weder Gallenflüssigkeit noch Verdauungsenzyme benötigt werden. Dadurch ist die Kokosnuss ein schneller Energiespender, ohne müde zu machen. Das Kokosöl ist mit seinen spezifischen Merkmalen bei der Verstoffwechselung (Stichwort Förderung der Ketonbildung) günstig für das Gehirn, und es gibt Hinweise, dass Kokosöl bei der Vorbeugung von degenerativen Hirnerkrankungen unterstützend hilfreich sein kann. Daneben sagt man dem Kokosöl bzw. der Kokosnuss noch eine Vielzahl weiterer positiver Wirkungen auf die Gesundheit nach. Zum Beispiel als natürliches Antibiotikum oder zur Verbesserung der Insulinrezeptorensensibilität bei Diabetes. Die Kokosnuss hält den Blutzucker stabil und sättigt schnell und lange. Es lohnt also auf jeden Fall, Freundschaft mit der exotischen Frucht zu schließen. Nicht als einzige Fettquelle in der Küche, denn dafür ist die Zusammensetzung zu einseitig, und die anderen Fettsäuren würden zu kurz kommen, aber als fester Bestandteil ist die Kokosnuss in meinen Augen ein kulinarischer und gesundheitlicher Zugewinn. Probieren Sie es aus. Wie wäre es mit einer köstlichen Saté-Suppe (Rezept Seite 88) oder leckeren Johannisbeer-Kokos-Quarkteilchen (Rezept Seite 58), um gut in den Tag zu starten.

## KÜRBIS

Ich hatte ja keine Ahnung, dass die riesigen Kaventsmänner von Kürbissen eigentlich Beeren sind. Gewaltige Beeren, wie ich feststellen muss, denn Kürbisse können bis zu 100 kg schwer werden. Für mich in jedem Herbst der absolute Höhepunkt, wenn die Kürbiszeit beginnt und ich in einer Vielzahl unterschiedlicher Kürbissorten schwelgen kann. Auch beim Kürbis lohnt der Blick auf die gesundheitlichen Vorteile. Erst einmal ist der Kürbis eine wasserreiche Beere und hat nur wenige Kalorien. Das macht den Bauch mal wieder schön voll, ohne die Hüften wachsen zu lassen. Werfen wir einen Blick auf die guten Inhaltsstoffe. Das Kürbisfleisch enthält viel Beta-Carotin (die Vorstufe des Vitamin A), Magnesium, Calcium und ganz besonders viel Kalium. Das Beta-Carotin ist übrigens für die Farbe der Kürbisse zuständig und ist ein wichtiger Schutzstoff für die Zellen. Beta-Carotin besitzt antioxidative Eigenschaften und schützt so vor dem Angriff freier Radikale, die wiederum sind beteiligt an der Entstehung einer

Vielzahl von ernsten Krankheiten. Und genau wie bei den carotinhaltigen Karotten braucht es auch beim Genuss von Kürbis etwas Fett, um den gesunden Stoff für den Körper verwertbar zu machen. Wie das ganze gesunde Gemüse, für das ich so gerne die Werbetrommel rühre, enthält auch Kürbis viele Ballaststoffe und hilft, die Verdauung zu regulieren und den Blutzuckerspiegel im Lot zu halten. Beim Kürbis ist auch nicht nur das Fruchtfleisch interessant, sondern auch die Kürbiskerne sind spannend. Sie wirken sich positiv auf das Immunsystem aus und helfen bei Problemen mit der Prostata. Das schmackhafte Öl aus den Kürbiskernen enthält darüber hinaus wertvolle Fettsäuren und in relativ großer Menge Vitamin E. Was den Kohlenhydratgehalt der Kürbisse angeht, so sind die Unterschiede beachtlich. Der überall leicht erhältliche Hokkaido-Kürbis ist ein Kohlenhydrat-Schwergewicht mit fast 14 Gramm Kohlenhydrate auf 100 Gramm. Besser sieht es aus bei meinem Lieblingskürbis, dem Butternut, der mit 8,3 g Kohlenhydraten punktet, und mein geliebter Spaghettikürbis bringt sogar nur 6 g Kohlenhydrate auf 100 g auf die Waage. Aber wer denkt an Kohlenhydrate, wenn der Kürbighetti-Gulasch-Auflauf (Rezept Seite 98) auf dem Speiseplan steht, oder ein Spaghettikürbis mit Tomatensoße und gerösteten Kichererbsen (Rezept Seite 158) verspeist werden will.

## LACHS

Ich habe neulich erst gelesen, dass sich das menschliche Hirn in Küstennähe entwickelt hat und der regelmäßige Verzehr von Fisch dafür den Grundstein gelegt hat. Wie gut, dass Lachs, neben anderen Fischen und Meeresfrüchten, zu meinen Favoriten gehört, der regelmäßig auf meinem Speiseplan steht. Erst einmal punktet Lachs mit hochwertigem Eiweiß, ganze 20 g auf 100 g Fisch sind enthalten, und liefert dem Körper damit wichtige Bausteine zur Instandhaltung des Körpers. Aber den eigentlichen Vorteil bieten die im Lachs enthaltenen Omega-3-Fettsäuren DHA und EPA, für die der fette Lachs eine hervorragende Quelle ist. Für unsere Ernährung ist eine ausgewogene Mischung unterschiedlicher Fettsäuren notwendig. Dabei spielt insbesondere das Verhältnis zwischen Omega 6 und Omega 3 eine große Rolle. In unserer modernen Ernährung hat sich ein Missverhältnis zugunsten Omega 6 entwickelt, was mit verschiedenen gesundheitlichen Problemen einhergeht. Dieses Ungleichgewicht lässt sich mit 2–3 Portionen Lachs (oder anderem fetten Fisch bzw. Meeresfrüchten) pro Woche, der Reduktion von Omega-6-haltigen Ölen (z.B. Sonnenblumenöl) und dem Verzicht auf fertige Industriekost ins rechte Lot bringen. Nach dem Hinweis mit der Gehirnentwicklung in Küstennähe will ich kurz erwähnen, dass unser Gehirn zu 30 % aus DHA besteht und ein Leben lang Nachschub an DHA braucht, um seine Funktionen ausüben zu können. Ein Mangel an DHA geht an die hirneigene Substanz, und neurologische Probleme und ein beschleunigter Altersprozess des Gehirns sind die Folge. Aber nicht nur das für unser Denkorgan so wichtige DHA, sondern auch die Omega 3-Fettsäure EPA hat es in sich, denn die schützt das Blut vor Verklumpungen und hält damit das Herz-Kreislaufsystem fit und gesund. Damit nicht genug, denn der Lachs bringt aber nicht nur die wichtigen Omega 3-Fettsäuren auf den Teller, sondern liefert auch Jod, Zink, Selen und, ganz wichtig, Vitamin D. Bitte, freunden Sie sich mit meinem Lieblingsspeisefisch an. Greifen Sie zu Lachsprodukten aus zertifiziertem Wildfang oder aus biologischer Aquakultur. Wenn Ihnen zwar die gesundheitlichen Vorteile einleuchten, Sie aber überhaupt keine Idee haben, was sie mit dem wunderbaren Lachs anfangen könnten, dann sollten Sie sich jetzt schnell das Rezept von der Magic-Stoffwechsel-Suppe (Rezept Seite 82) und der gerösteten Rote Bete mit Lachs und zickiger Frischkäsecreme (Rezept Seite 129) anschauen. Trauen Sie sich ran an den gesunden Fisch, Ihre Gesundheit wird es Ihnen danken.

## MANDELN

Als Allzweckwaffe in der Low-Carb-Küche kann die Mandel betrachtet werden. Durch den milden Geschmack passt sie sich, ob süß oder herzhaft, überall unkompliziert an. Zum Backen in Form von Mehl (entölt und nicht

entölt), als Ersatz für Sahne in Soßen in musiger Form, gehackt, gestiftet und blättrig geschnitten. Die Mandel macht ganz schön was mit und schmeckt das ganze Jahr, auch außerhalb der Weihnachtsbäckerei. Die Mandel punktet dabei mit einem hochkarätigen Nährstoffpaket und wirkt sich positiv auf die Gesundheit aus. Die Mandel liefert viele Mineralstoffe und Vitalstoffe wie Magnesium, Calcium und Kupfer sowie große Mengen der Vitamine B und E, viel Folsäure und, als I-Tüpfelchen, reichlich Ballaststoffe. Die leckeren Mandeln wirken schützend vor Herz-Kreislauferkrankungen, sollen die Insulinsensitivität verbessern, also Diabetes verhindern helfen, den Cholesterinspiegel günstig beeinflussen und sollen sogar die Knochendichte stärken. Die positiven Effekte beruhen zu einem guten Teil auf den in der Mandel reichlich enthaltenen sekundären Pflanzenstoffen, den antioxidativ wirkenden Polyphenolen. Dazu haben Mandeln prebiotische Wirkung und füttern unsere wertvollen Darmbakterien und tragen so zur Harmonisierung der Darmflora bei. Mandeln enthalten viel Fett, mächtige 54 g auf 100 g. Dazu kommen beachtliche 22 g Eiweiß und nur 5 g Kohlenhydrate auf 100 g Mandeln. Anhand der Zusammensetzung der Makronährstoffe ist schon ablesbar: Die Mandel macht echt lange satt, was wiederum der schlanken Linie hilft. Die Fettzusammensetzung der Mandel ist gut, wenn auch nicht perfekt, denn das Verhältnis von Omega 6 zu Omega 3 ist nicht optimal. Aber auch da immer die Kirche im Dorf lassen. Alle Fettsäuren werden gebraucht, und jedes Lebensmittel ist immer nur ein Puzzleteil des komplexen Motives Ernährung. Gegen eine gesunde Portion an Mandeln oder anderen Nüssen ist nichts zu sagen, ganz im Gegenteil, die kleinen Nährstoffbomben sind gut für uns. Wie wäre es also mit einem Schoko-Mandel-Frühstücksbrötchen (Rezept Seite 52) oder mit der veganen Champignon-Bolognese aus der Kürbisschale (Rezept Seite 168).

## PAPRIKA

Ob grün, gelb oder rot, ich liebe Paprika in allen Farben. Wobei, ganz besonders hat es mir die rote Paprika angetan, was wahrscheinlich an dem fruchtig süßen Aroma und dem kleinen aber wertvollen Vitamin C Vorteil liegt, durch den die rote Paprika eindeutig die Nase vorne hat. Aber, alle Paprikafarben überzeugen mit einer Sammlung an gesunden Vitaminen und Vitalstoffen. Happy Carb steht für eine bunte gemüsereiche Küche, und die Paprika signalisiert in Ampelfarben: freie Fahrt für den Genuss und die Gesundheit. In den bunten Schoten findet sich fast kein Fett, wenige Kohlenhydrate und viel Wasser. Bauchfüller, sage ich da nur. Die roten Paprika bringen in voller Reife einige Kohlenhydrate mehr auf die Uhr, was aber bei meinem flexiblen Happy-Carb-Prinzip kein Problem darstellt. Was die Paprika Gutes für uns tut, ist vielfältig. Sie fördert die Verdauung und liefert Ballaststoffe, über die unser Darm sehr glücklich ist. Mit einem Trommelwirbel kann ich verkünden, dass die Königin des Vitamin C die Paprika ist. Je nach Farbe und Reife-

grad enthalten Paprika zwischen 120 und 400 Milligramm Vitamin C pro 100 Gramm Gemüse. Da wirken Zitronen mit gerade mal 34 Milligramm blass dagegen. Selbst in gedünsteter oder gekochter Form hat Paprika noch mehr Vitamin C als Zitrusfrüchte. Vitamin C ist an vielen wichtigen Prozessen im Körper beteiligt. Zum Beispiel fördert Vitamin C die körpereigene Produktion von Kollagen, und das macht eine schöne straffe Haut. Ein echter Jungbrunnen also. Grüne Paprika sind die noch unreifen Früchte, und die vitaminreichsten Paprika sind die voll ausgereiften roten Schoten. Ich will Paprika jetzt nicht nur auf das Vitamin C reduzieren. Wie ungerecht, wo die bunten Schoten doch auch noch Vitamin B1, B2, Niacin, Vitamin E, Kalium, Kalzium, Magnesium und Eisen auf den Teller bringen. Dazu kommen sekundäre Pflanzenstoffe, wie das Beta-Carotin, die ebenfalls Zellschäden vorbeugen und freie Radikale einfangen. Gerade mit rotem Paprika nehmen wir besonders viele dieser gesunden Vitalstoffe auf. Weitere sekundäre Pflanzenstoffe sind die OPCs, (Oligomeren Procyanidine), die die Gesundheit der Blutgefäße fördern und Entzündungen entgegenwirken. Und das Vitamin C dabei wirkt wie ein Booster und verstärkt die positiven Wirkungen. Die geballten Inhaltsstoffe stärken das Immunsystem und das völlig ohne schädliche Nebenwirkungen. Jetzt bitte schnell das Abwehrsystem pimpen mit dem Chili con Chorizo (Rezept Seite 81) oder dem Pulled Stremellachs auf buntem Salat (Rezept Seite 196).

### Tomaten

Mein letztes Happy Food, dabei würden mir noch eine ganze Reihe weiterer toller Lebensmittel einfallen, sind die herrlich roten, aromatischen Tomaten. Ein Genuss im Sommer, wenn diese direkt mit ganz viel gespeicherter Sonnenenergie geerntet werden. Süß und fruchtig. Ich träume gerade von Italien und leckeren Pomodori. Dabei stammt die Tomate ursprünglich aus Südamerika und hatte es nicht leicht, den europäischen Kontinent zu erobern. Man hielt die Tomate lange für giftig und ungenießbar. Erst als man gemerkt hat, dass die Früchte rot werden müssen, hat sich das Blatt zu Gunsten der Tomate gedreht. Genau wie die Paprika, ist die Tomate auch eine echte Schönheitskost. Denn sie sind reich an Biotin, was für Haut, Haare und Nägel wichtig ist. Außerdem beeinflusst das Biotin noch den Blutzuckerspiegel positiv. Daneben enthalten Tomaten viel Vitamin B3 und auch Vitamin C. Ganz wichtig ist die in den Tomaten befindliche Folsäure, die schützend auf unser Herz- und Kreislaufsystem wirkt. Dazu bietet die Tomate noch Vitamin E und steigert damit unsere Vitalität. Kalium und Zink runden die Vitaminbombe Tomate ab. Aber der wohl spannendste Stoff in der Tomate ist der rote Farbstoff, das Bioflavonoid Lycopin aus der Gruppe der Carotinoide. Lycopin ist einer der effektivsten Radikalfänger, den es gibt und schützt unseren Körper vor Umweltschadstoffen und körpereigenem Stoffwechselabfall. Dabei ist Lycopin so stark, dass es sogar bereits vorhandene Zellschäden reparieren kann. Außerdem wurde nachgewiesen, dass das Lycopin aus der Tomate Herz und Kreislauf stärkt und die Entwicklung von Arteriosklerose bremst. Es wird jedoch vermutet, dass der gesundheitliche Wert der Tomate nicht nur alleine auf das Lycopin zurückzuführen ist, sondern ein Wechselspiel aus den enthaltenen Pflanzenstoffen (Lycopin und Beta-Carotin) und den Vitaminen ist. Dazu macht es einen Unterschied, in welcher Form wir die Tomaten zu uns nehmen. Denn die biologische Verfügbarkeit von Lycopin erhöht sich mit der Verarbeitung der Tomate. Ursache ist, dass erst beim Erwärmen der Tomaten die Zellen platzen und das Lycopin so freigesetzt wird. Deshalb auch der Vorsprung der Dosentomaten in Sachen Lycopin gegenüber den frischen Tomaten. Klassenbester, was den Lycopingehalt der Tomatenprodukte angeht, ist das Tomatenmark. Aber selbst Tomatenketchup, wenn es denn ohne Zucker daherkommt, ist ein wirklich gesundes Produkt. Übrigens sind das Lycopin und das Beta-Carotin fettlösliche Pflanzenstoffe. Daher brauchen sie, genau wie die Karotten auch, etwas Fett, um vom Körper aufgenommen werden zu können. Die Italiener wissen schon was gut ist, wenn sie so reichlich Tomatensoße mit Olivenöl verzehren. Eine Italienerin wird aus mir sicher nicht mehr, aber eine ganze Reihe von Rezepten mit Tomaten kann ich trotzdem hier im Buch liefern. Wir wäre es mit dem lauwarmen Tomatensalat mit Sweet-Bacon (Rezept Seite 184) oder doch lieber geballtes Lycopin in Form von gebratenen Spinatwölkchen mit Tomatensoße (Rezept Seite 162)?

**VORSPRUNG DOSENTOMATEN:**

**Mehr Lycopin als in frischen Tomaten. Das stärkt Herz und Kreislauf.**

# 150 Lieblings-Low-Carb-Rezepte mit der Extraportion Happiness

# 7. MEINE 150 LIEBLINGS-LOW-CARB-REZEPTE MIT DER EXTRAPORTION HAPPINESS

Hier kommen sie nun, die 150 Lieblingsrezepte mit dem vollen Schlemmerpotenzial:

**Frühstück oder nicht Frühstück ist hier nicht die Frage**
**Seelenfutter aus einem Topf: Suppen und Eintöpfe, die rundum glücklich machen**
**Fleisch ist mein Gemüse, aber nur mit ganz viel Gemüse**
**Fischers Fritz fischt frische Fische**
**Veggie macht happy. Da braucht es keinen gesetzlichen Veggie-Day**
**Salate gehen immer, wenn sie lecker sind und satt machen**
**Es darf genascht und geknabbert werden**
**Herzhaft aus dem Ofenrohr**
**Kaffeeklatsch und Kuchenbuffet: Süße Launen wollen ausgelebt werden**

Bitte beachten Sie, dass sich die Rezepte im Buch auf eine unterschiedliche Anzahl von Portionen/Personen beziehen. Das hat ganz praktische Gründe, die in der Art der Rezepte oder auch im Einkauf der passenden Zutaten liegen. Sie können alle Mengenangaben erhöhen oder vermindern, ganz wie es Ihnen beliebt. Die genaue Angabe der im Rezept gerechneten Portionen finden Sie bei jedem einzelnen Rezept. Jede Portion ist immer für eine Person gerechnet. Also 4 Portionen entsprechen 4 Personen.

Alle Rezepte sind mit Nährwertangaben versehen. Basis der Berechnung sind die von mir tatsächlich verwendeten Zutaten. Abweichungen und Fehler sind trotz aller Sorgfalt nicht ausgeschlossen. Wenn ich bei den Nährwertangaben Kalorien benenne, meine ich damit das umgangssprachliche Äquivalent zur Kilokalorie.

# Frühstück oder nicht Frühstück ist hier nicht die Frage

Das Frühstück ist aktuell etwas unter die Räder geraten, will man uns doch weißmachen, dass Frühstücken nicht gesund ist. Zu pauschal, denn nicht die Tageszeit ist schuld, sondern die Auswahl der geeigneten Lebensmittel macht den Unterschied. Sie haben die Wahl zwischen den üblichen kohlenhydratbetonten Lebensmitteln, die Ihnen in kurzer Zeit Ihren Energiestecker ziehen werden, oder Sie entscheiden sich für schmackhafte Aminosäuren, gesunde Fette, Vitamine und Mineralstoffe und starten so gut und lange gesättigt durch für den Tag. Ideen für gesunde kohlenhydratarme Powerfrühstücke folgen auf den nächsten Seiten.

# Baunti-Frühstückscreme mit Erdbeeren

**1 Portion**

200 g Skyr
25 ml Kokosmilch
15 g Kokosraspel
25 g Xylit-Schokodrops, dunkel
2 TL Stevia-Streupulver mit Erythrit
100 g Erdbeeren, geviertelt oder halbiert

Die Zutaten für die Baunti-Creme verrühren und die Erdbeeren darüber verteilen. Einige von den Schokodrops zur Dekoration über die Erdbeeren streuen.

**Nährwerte pro Portion:**
Kalorien: 447, Fett: 26,8 g, Kohlenhydrate: 18,0 g, Eiweiß: 26,2 g

# Bacon-Erbsen-Porridge

**1 Portion**

1 TL Kokosöl
50 g Baconwürfel
50 g rote Zwiebel, fein gehackt
50 g TK-Erbsen
50 g Karotten, klein gewürfelt
200 ml Gemüsebrühe
25 g Haferkleie
15 g Frischkäse

Einen kleinen Topf auf dem Herd erwärmen. Das Kokosöl hineingeben und die Baconwürfel und die Zwiebelwürfel anschwitzen. Dann die Erbsen und Karotten zufügen und alles für 3–4 Minuten braten. Mit der Gemüsebrühe ablöschen und kurz aufkochen lassen. Nun den Herd ausschalten und die Haferkleie unterrühren. Für 5 Minuten quellen lassen, dabei gelegentlich rühren. Zum Schluss noch den Frischkäse unterrühren und mit Salz und Pfeffer abschmecken. Wenn die Konsistenz zu dick ist, dann mit etwas heißem Wasser verdünnen.

**Nährwerte pro Portion:**
Kalorien: 407, Fett: 23,5 g, Kohlenhydrate: 28,1 g, Eiweiß: 17,7 g

Haferbrei kann ganz gut herzhaft ...

# Schoko-Mandel-Frühstücksbrötchen

**5 Frühstücksbrötchen**

Kiwi dazu und schon startet die Rakete ...

250 g Magerquark
3 Eier, Größe M
50 g Erythrit
2 TL Stevia-Streusüße mit Erythrit
50 g Mandelmehl, nicht entölt
50 g Kokosmehl
40 g Eiweißpulver, Vanille
1 TL Guarkernmehl
1 TL Backpulver
1 Prise Salz
50 g blanchierte Mandeln, gehackt
65 g Xylit-Schokodrops, dunkel

Den Backofen auf 175 Grad Umluft vorheizen.

Alle Zutaten auf einen Schlag in eine größere Rührschüssel geben und zu einem Teig verrühren. Ein Backblech mit Backpapier bedecken. Mit der Hand 5 runde Brötchen formen und auf dem Blech verteilen. Für etwa 30 Minuten backen.

Im Kühlschrank aufbewahren und vor dem Verzehr von beiden Seiten toasten.

**Nährwerte pro Brötchen:**
Kalorien: 337, Fett: 21,4 g, Kohlenhydrate: 7,0 g, Eiweiß: 23,3 g

# Low-Carb-Frühstücks-Pfannenpizza

**1 Portion**

Pizza am Morgen vertreibt Kummer und Sorgen …

**Für den Pizzaboden:**
1 Ei, Größe M
50 g Quark, 20 % Fett
25 g Mandelmehl, nicht entölt
5 g Flohsamenschalen
Salz und Pfeffer

**Für den Pizzabelag:**
30 g gekochter Schinken, in Scheiben, grob zerteilt
75 g Kirschtomaten, in Scheiben geschnitten
75 g orangene Paprika, in Streifen geschnitten
¼ TL Oregano, getrocknet
20 g Manchego-Käse, gerieben

10 ml Olivenöl, nativ extra, zum Fetten der Pfanne

Den Backofen auf 175 Grad Umluft vorheizen.

Den Teig für die Pfannenpizza anrühren. Das Olivenöl in einer Pfanne mit 24 cm Durchmesser und hitzetauglichem Stiel mit einem Pinsel verteilen. Den Teig in der Pfanne verstreichen und so für 12 Minuten in den Ofen stellen.

Dann die Pfanne aus dem Ofen nehmen und den gekochten Schinken, die geschnittenen Kirschtomaten und die Paprikastreifen auf dem Teig verteilen. Jetzt noch das Oregano und den Manchego-Käse über die Pizza geben und erneut die Pfanne für weitere 10–12 Minuten in den Ofen stellen.

**Nährwerte pro Portion:**
Kalorien: 505, Fett: 36,8 g, Kohlenhydrate: 11,1 g, Eiweiß: 27,6 g

# Snickers-Joghurt mit Beeren

**1 Portion**

150 g Griechischer Joghurt, 10 % Fett
15 g Eiweißpulver, Schokolade
15 ml Karamell-Sirup, zuckerfrei
15 g Erdnussmus
10 g Xylit-Schokodrops, dunkel
100 g Beerenmischung (Himbeeren, Heidelbeeren ...)

Alle Zutaten, außer den Beeren, mit einem Schneebesen verrühren und die Beeren dann noch über der Joghurtmischung verteilen bzw. in einem Schälchen dazu servieren.

**Nährwerte pro Portion:**
Kalorien: 429, Fett: 27,5 g, Kohlenhydrate: 15,7 g, Eiweiß: 24,8 g

Wer wird hier zur Diva?

# Frühstückssalat mit Schinken

**2 Portionen**

200 g Hüttenkäse/körniger Frischkäse, 20 % Fett
150 g gekochter Schinken, in Scheiben, in Streifen geschnitten
100 g Kirschtomaten, halbiert
100 g rote Paprika, in Würfel geschnitten
100 g Snack-Gurken, in Stücke geschnitten
2 TL Tomatenmark, einfach konzentriert (andere Konzentration, die Menge anpassen)
1 TL heller Balsamico-Essig
150 g Avocado, das Fruchtfleisch in Würfel geschnitten
1 EL Kräuter (Petersilie, Schnittlauch, Dill etc.), frisch oder TK
Salz und Pfeffer

Alle Zutaten in einer Schüssel mischen und dann mit Salz und Pfeffer abschmecken.

Den Frühstückssalat am Tag zuvor vorbereiten und im Kühlschrank warten lassen. Schnell gemacht, ist das Frühstück für 2 Tage essbereit. Der Salat schmeckt natürlich auch zu allen anderen Tageszeiten und lässt sich perfekt mitnehmen an den Arbeitsplatz.

**Nährwerte pro Portion:**
Kalorien: 400, Fett: 25,3 g,
Kohlenhydrate: 9,3 g, Eiweiß: 32,2 g

*Frühstück, und dann satt für viele Stunden ...*

# Apfel-Zimt-Frühstücksshake

**1 Portion**

100 ml Kokosmilch
100 ml Wasser
75 g säuerlicher Apfel (½ Boskop), geschält oder ungeschält, in kleine Stücke geschnitten
25 g Eiweißpulver, Vanille
½ TL Zimt (+ Zimt zur Deko)

Alles auf einen Schlag in den Mixer und kräftig mischen. Funktioniert bestimmt auch mit einem Pürierstab. Wird total cremig und lecker. Noch ein wenig Apfel zur Deko und dann mit etwas Zimt bestäuben.

**Nährwerte pro Portion:**
Kalorien: 326, Fett: 20,3 g, Kohlenhydrate: 12,3 g, Eiweiß: 21,9 g

Ein halber Apfel am Morgen geht als Low Carb durch …

# Nuss-Mohnschmarrn mit heißen Himbeeren

Da reibt sich jeder zufrieden den Bauch …

1 Portion

**Für die heißen Himbeeren:**
75 g TK-Himbeeren, ungezuckert
1 TL Stevia-Streusüße mit Erythrit

**Für den Schmarrn:**
1 Ei, Größe L
100 ml Milch
15 g Kokosmehl
20 g Eiweißpulver, Vanille
10 g Mohn, ganz oder gemahlen
¼ TL Backpulver
1 TL Stevia-Streusüße mit Erythrit
15 g Nüsse, gemischt (Mandeln, Haselnüsse, Paranüsse), mit dem Messer grob gehackt
10 g Kokosöl

Die Himbeeren auf dem Herd oder in der Mikrowelle erwärmen und die Stevia-Streusüße unterrühren. Wer mehr Bindung bevorzugt, rührt mit dem Schneebesen noch eine Messerspitze Johannisbrotkernmehl oder Xanthan ein. Das Ei mit der Milch und den trockenen Zutaten kräftig mixen. Das klappt im Mixer, aber auch in einem händischen Shaker. Die Mischung 2–3 Minuten quellen lassen. In der Zeit in einer Pfanne ohne Fett die gehackten Nüsse goldbraun rösten. Aus der Pfanne nehmen. Das Kokosöl in der gleichen Panne erhitzen, die Teigmischung zufügen und wie einen Pfannkuchen auf mittlerer Hitze braten. So lange wie möglich auf einer Seite braten lassen und erst, wenn die Unterseite dunkel ist und die Masse fast ein Pfannkuchen ist, dann vorsichtig mit einem Holzschaber zerteilen, wenden und fertig braten.

Gemeinsam mit den heißen Himbeeren servieren. Mit den gerösteten Nüssen bestreuen.

**Nährwerte pro Portion:**
Kalorien: 522, Fett: 33,0 g, Kohlenhydrate: 13,8 g, Eiweiß: 36,1 g

# Johannisbeer-Kokos-Quarkteilchen

**6 Quarkteilchen**

250 g Magerquark
30 g Kokosöl
3 Eier, Größe M
50 g Eiweißpulver, Vanille
50 g Kokosmehl
30 g Kokosraspel
65 g Erythrit
1 TL Backpulver
1 TL Guarkernmehl
150 g rote Johannisbeeren, frisch oder TK

Den Backofen vorheizen auf 175 Grad Umluft.

Alle Bestandteile (außer den Johannisbeeren) auf einen Schlag in einer Rührschüssel zu einem Teig verarbeiten. Zum Schluss die Johannisbeeren mit einem Teigspatel ganz vorsichtig unterheben. Mit einem großen Löffel oder dem Teigspatel von der Masse abstechen und 6 Häufchen auf das mit Backpapier belegte Blech geben. Der Teig verläuft dann von alleine beim Backen. Für 30 Minuten backen und auskühlen lassen. Im Kühlschrank aufbewahren und zum Frühstück einfach auftoasten.

**Nährwerte pro Quarkteilchen:**
Kalorien: 207, Fett: 12,3 g, Kohlenhydrate: 4,6 g, Eiweiß: 17,2 g

# Crunchy-Schokomüsli

**8 Portionen à 40 g**

50 g Kürbiskerne
50 g Haselnüsse, gehackt
50 g Mandeln, gehackt
2 EL Erythrit, zum Karamellisieren der Kerne
50 g Kokosraspel
25 g Chia-Samen
25 g Flohsamenschalen
15 g Kakaopulver
3 Eiweiß, Größe M, steif geschlagen
65 g Erythrit

Den Backofen auf 135 Grad Umluft vorheizen.

Die Kürbiskerne mit den gehackten Mandeln und Haselnüssen in einer heißen Pfanne ohne Fett rösten. So lange, bis die Kerne eine goldbraune Farbe haben. Dann 2 EL Erythrit zufügen und in der Pfanne schmelzen lassen. Vom Herd nehmen und unter gelegentlichem Rühren abkühlen lassen.

Alle trockenen Zutaten in einer Schüssel mischen. Dann den Eischnee untermischen. Die Masse großflächig auf ein mit Backpapier belegtes Backblech geben.

Für 60 Minuten backen. Dann rausholen und durchmischen. Zurück in den Ofen für weitere 30 Minuten. Anschließend den Ofen ausschalten, das Müsli erneut durchmischen und in der Restwärme weitere 15 Minuten verweilen lassen. Nun nur noch mit einem Messer hacken.

Ich öffne während der 90 Minuten Backzeit alle 15 Minuten kurz die Backofentür, damit Feuchtigkeit aus dem Ofen entweichen kann. Das Crunchy-Müsli kann auch gut mit Haferkleie erweitert werden.

**Nährwerte pro Portion:**
Kalorien: 194, Fett: 15,8 g, Kohlenhydrate: 1,9 g, Eiweiß: 7,6 g

# Ricotta-Pfirsich-Frühstück

**1 Portion**

200 g Ricotta (italienischer Frischkäse)
10 g Eiweißpulver, Vanille
½ TL Stevia-Streupulver mit Erythrit
10 g Kokosraspel
150 g Pfirsich, ohne Kern, in Stücke geschnitten

Den Ricotta mit den trockenen Zutaten mischen. Zum Schluss noch die Pfirsichstücke unterheben.

**Nährwerte pro Portion:**
Kalorien: 506, Fett: 33,1 g, Kohlenhydrate: 24.3 g, Eiweiß: 25,9 g

Fruchtig und sättigend zugleich ....

# Apfel-Rosmarin-Rührei mit Avocado

**1 Portion**

10 g Kokosöl
3 Eier, Größe M, zu Rührei verquirlt und mit Salz und Pfeffer gewürzt
100 g Apfel, säuerlich, in kleine Stücke geschnitten
1 EL frischer Rosmarin, gehackt
75 g Avocado, das Fruchtfleisch in kleine Würfel geschnitten

In einer Pfanne das Kokosöl erhitzen. Die Apfelstücke 1–2 Minuten anbraten. Den Rosmarin zum Apfel geben. Dann das Ei hinzufügen und zu Rührei stocken lassen. Die Herdplatte ausschalten und zum Schluss noch die Avocadowürfel untermischen.

**Nährwerte pro Portion:**
Kalorien: 563, Fett: 43,8 g, Kohlenhydrate: 14,6 g, Eiweiß: 21,4 g

Apfel und Rosmarin schmecken prima zusammen …

# Nussige Müslimuffins

**6 Muffins**

250 g Magerquark
25 g Haselnussmus
2 Eier, Größe M
15 g Kokosmehl
60 g Haferkleie
30 g Eiweißpulver, Vanille
40 g Erythrit
1 TL Backpulver
75 g Crunchy-Müsli

**Das Rezept für 100 g fertiges Crunchy-Müsli:**
1 Eiweiß, steif geschlagen, mit
25 g Erythrit,
20 g gehackten Mandeln,
20 g gehackten Haselnüssen,
20 g gehackten Walnüssen
30 g Kokosraspeln und
10 g geschälten Hanfsamen mischen

Den Backofen vorheizen auf 120 Grad Umluft. Die Müslimasse auf ein mit Backpapier vorbereitetes Blech 0,5–1 cm dick cm dick streichen. Das dann für 60 Minuten in den Ofen schieben. Anschließend abkühlen lassen und mit einem Messer hacken. Das übrige Müsli schmeckt mit Joghurt oder über Obstsalat gestreut.

Ein leckeres Frühstück aus der Hand …

**Die Anleitung für die Muffins:**

Den Backofen auf 175 Grad Umluft vorheizen. Alle Zutaten auf einen Schlag in einer Rührschüssel zu einem Teig verrühren und Crunchy-Müsli unterheben. Den Teig in die Muffinförmchen füllen. Am besten eine Silikonform verwenden oder eine Metallform fetten. Für 30–35 Minuten im Ofen backen.

**Nährwerte pro Muffin:**

Kalorien: 226, Fett: 13,3 g, Kohlenhydrate: 9,2 g, Eiweiß: 15,9 g

# Ofenfrühstück

2 Portionen

300 g Zucchini, in mundgerechte Stücke geschnitten
150 g Möhren, in mundgerechte Stücke geschnitten
25 g Butter, geschmolzen
300 g (2 Stück) rote Spitzpaprika, längs halbiert und die Kerne entfernt
4 Eier, Größe L
Salz und Pfeffer

Den Backofen auf 175 Grad Umluft vorheizen.

Die Zucchini- und Möhrenstücke in eine Ofenform geben. Die geschmolzene Butter darüber geben und mit Salz und Pfeffer würzen. In die halbierten Paprika jeweils ein Ei geben (wie ein Spiegelei). Auf das Gemüse setzen und ebenfalls salzen und pfeffern. Bis auf das Ei lässt sich das auch hervorragend am Abend vorher vorbereiten.

Für 20–25 Minuten in den Backofen stellen. Zeit genug, um sich im Bad fertig zu machen.

**Nährwerte pro Portion:**
Kalorien: 396, Fett: 23,6 g, Kohlenhydrate: 20,0 g, Eiweiß: 19,5 g

Morgens schon warm? Ja klar doch …

# Erdbeeren mit Cheesecake-Creme

**1 Portion**

150 g frische Erdbeeren, ohne Stiel, halbiert

**Für die Cheesecake-Creme:**
50 g Frischkäse
20 ml Milch
15 g Eiweißpulver, Vanille
etwas frischen Abrieb einer Bio-Zitrone
½ TL Stevia-Streupulver mit Erythrit

Die Zutaten für die Creme mit einem Schneebesen verrühren. Die Süße nach persönlichem Geschmack abschmecken. Die Creme auf den Erdbeeren verteilen und dann genießen.

**Nährwerte pro Portion:**
Kalorien: 248, Fett: 14,4 g,
Kohlenhydrate: 11,2 g, Eiweiß: 16,9 g

*Erdbeeren mit Kuchengeschmack …*

# Seelenfutter aus einem Topf: Suppen und Eintöpfe, die rundum glücklich machen

Die Anzahl der Suppen und Eintöpfe im Buch sprechen Bände. Ich bin eine bekennende Suppenliebhaberin und habe eine Schwäche für gehaltvolle Suppen, die satt machen und bei denen man sich hinterher wohlig den Bauch reibt. Da esse ich auch gerne 2 Tage hintereinander die gleiche Schmauserei, nur, falls Sie sich gelegentlich über die Anzahl der Portionen in den Rezepten wundern. Einmal kochen und mehrmals genießen ist die Devise. Weniger als lecker ist nicht akzeptabel bei einer Suppe, und die Ideen dazu kommen 20-fach auf den nächsten Seiten.

# Pizzasuppe

**5 Portionen**

250 g rote Zwiebel, in Ringe geschnitten
15 ml Olivenöl, nativ extra
50 g Tomatenmark, einfach konzentriert
(andere Konzentration, Menge anpassen)
1 EL Erythrit
300 g braune Champignons, in Scheiben geschnitten
600 g Paprika, rot/gelb/grün, in Streifen geschnitten
250 g Kirsch-Tomaten, geviertelt
750 ml Gemüsebrühe, kräftig gewürzt
10 g Oregano, getrocknet
150 ml Tomatenketchup, zuckerfrei
400 g geschälte Tomaten, aus der Dose
400 g gekochter Schinken, in Scheiben, in Streifen geschnitten
100 g Salami/Peperoniwurst, in Streifen geschnitten
150 g Frischkäse
150 g Cheddar, herzhaft, gerieben
30 ml dunkler Balsamico-Essig
1 TL Johannisbrotkernmehl, zum Binden
Salz und Pfeffer

*Bei dem Schreck muss der Turm in Pisa schief stehen ...*

Die Zwiebelringe in etwas Olivenöl in einem großen Topf glasig andünsten. Das Tomatenmark und das Erythrit hinzufügen. Gemeinsam 2–3 Minuten anschwitzen und dann die Champignons, die Paprikastreifen und die geviertelten Kirschtomaten hinzufügen. Kurz braten und nun die Gemüsebrühe, den Oregano, das Ketchup und die geschälten Tomaten aus der Dose dazu geben. Anschließend alles für 10–15 Minuten köcheln lassen. Nach der Kochzeit die Schinken- und die Salamistreifen untermischen. Jetzt den Frischkäse unterrühren und in der heißen Suppe den geriebenen Cheddar schmelzen lassen. Zum Schluss noch den Balsamico-Essig hinzufügen und final mit Salz und Pfeffer abschmecken. Wenn die Konsistenz der Pizzasuppe zu wässrig ist, dann das Johannisbrotkernmehl über ein kleines Küchensieb mit dem Schneebesen einrühren. Die Suppe dann noch einmal kurz aufkochen lassen.

**Nährwerte pro Portion/Person:**
Kalorien: 507, Fett: 30,7 g, Kohlenhydrate: 23,0 g, Eiweiß: 30,5 g

# Spinatsuppe mit wurzeligem Röstgemüse

**3 Portionen**

250 g Petersilienwurzel, gewürfelt
250 g Karotte, gewürfelt
25 ml Olivenöl, nativ extra
250 g rote Bete, roh gewürfelt
15 g Kokosöl
85 g rote Zwiebel, fein gehackt
750 g TK-Spinat, jung, gehackt
500 ml Gemüsebrühe
150 g Ziegenfrischkäse
1 TL Johannisbrotkernmehl
Muskatnuss, frisch gemahlen
Salz und Pfeffer

Leckeres Gemüse und sonst fast nichts ...

Den Backofen auf 180 Grad Umluft vorheizen.

Die Petersilienwurzel- und Karottenwürfel mit Olivenöl mischen, mit Salz und Pfeffer würzen und in eine Ofenform geben. Das Gleiche getrennt mit den rote Bete Würfeln machen, damit nicht das komplette Gemüse rot wird. Für 20–25 Minuten im Ofen rösten.

In einem größeren Topf das Kokosöl erhitzen und die Zwiebelwürfel glasig dünsten. Den gefrorenen Spinat hinzufügen, mit der Gemüsebrühe auffüllen und nun für 5 Minuten kochen lassen. Anschließend den Ziegenfrischkäse unterrühren. Die Suppe mit frisch gemahlener Muskatnuss und Salz und Pfeffer abschmecken. Das Johannisbrotkernmehl über ein kleines Küchensieb mit dem Schneebesen einrühren. Die Suppe in einen Teller geben und von dem Röstgemüse aus dem Ofen darüber verteilen.

**Nährwerte pro Portion/Person:**
Kalorien: 346, Fett: 20,4 g, Kohlenhydrate: 22,1 g, Eiweiß: 16,7 g

# Puten-Gemüsesuppe

Bei einer Pute gibt es mehr als nur die Brust …

**3 Portionen**

1,5 l Gemüsebrühe
1 ganzer Putenflügel (alternativ 2 Hähnchenkeulen, dann nur 45 Minuten Kochzeit in 1,25 l Brühe)
750 g Steckrübe, grob geraspelt
150 g TK-Erbsen
250 g Kirschtomaten, geviertelt
2 TL Currypulver
Salz und Pfeffer
2 TL frische Petersilie, gehackt

In einem größeren Topf die Gemüsebrühe mit dem Putenflügel zum Kochen bringen. Für 90 Minuten kochen lassen. Dabei kocht auch etwas Wasser weg. Das ist in Ordnung, kein zusätzliches Wasser nachfüllen. Dann den Flügel aus der Brühe nehmen und das komplette Gemüse in die Suppe geben. Für 7–8 Minuten kochen lassen. In der Zwischenzeit das Fleisch und die Haut vom Knochen lösen.

Die Suppe mit dem Curry würzen und mit Salz und Pfeffer abschmecken. Das Fleisch zurück in die Suppe geben und die frische Petersilie hinzufügen.

**Nährwerte pro Portion/Person:**
Kalorien: 299, Fett: 11,5 g,
Kohlenhydrate: 23,6 g, Eiweiß: 24,7 g

# Hessische Kohlsuppe

**4 Portionen**

Appelwoi und Handkäs grüßen aus dem schönen Hessenland ...

15 ml Olivenöl, nativ extra
250 g Zwiebeln, gehackt
400 g Hackfleisch, Rind und Schwein gemischt
950 g Spitzkohl, ohne Strunk, in 1 cm breite Streifen geschnitten
250 ml Gemüsebrühe, überwürzt
500 ml Apfelwein, alkoholfrei (alternativ Gemüsebrühe mit 10 ml hellem Balsamico-Essig)
200 g Schmand, 20 % Fett
200 g Harzer Käse, in Würfel geschnitten
1 TL Kümmel, ganz (wer Kümmel mag, nimmt mehr)
¾ TL Johannisbrotkernmehl, zum Binden
Salz und Pfeffer

In einem großen Topf das Olivenöl erhitzen und die Zwiebelwürfel glasig dünsten. Dann das Hackfleisch hinzufügen und krümelig braten. Die Kohlstreifen hinzufügen und auch noch kurz mitbraten. Dann mit der Gemüsebrühe und dem Apfelwein ablöschen und für 15 Minuten kochen lassen.

Wenn der Kohl weich genug ist, dann den Schmand dazu geben und auch den Harzer Käse in der Suppe schmelzen lassen. Zum Schluss noch den Kümmel hinzufügen. Zur Bindung der Suppe das Johannisbrotkernmehl über ein kleines Küchensieb mit dem Schneebesen einrühren. Dann nochmal kurz aufkochen lassen.

**Nährwerte pro Portion/Person:**
Kalorien: 541, Fett: 32,8 g, Kohlenhydrate: 16,9 g, Eiweiß: 41,9 g

# Veganer Curry-Linseneintopf

**4 Portionen**

15 g Kokosöl, zum Braten
20 g Currypaste, gelb, alternativ Curry als Pulver oder von beidem
85 g Zwiebel, gewürfelt
2 Zehen Knoblauch, fein gehackt
1 rote Chilischote, fein gehackt
1 walnussgroßes Stück Ingwer, fein gehackt
250 g Rote Linsen
500 g geschälte Tomaten, aus der Dose
400 ml Kokosmilch
800 ml Gemüsebrühe
300 g Lauch, in schmale Ringe geschnitten
150 g Karotte, in kleine Würfel geschnitten
Salz und Pfeffer

Gelegentlich einige Kohlenhydrate entstressen Körper …

Das Kokosöl in einem größeren Topf erhitzen und die Currypaste bzw. das Currypulver kurz anschwitzen. Zwiebel, Knoblauch, Chilischote und Ingwer nach und nach hinzugeben und für 1–2 Minuten anbraten. Dann noch die Linsen dazu geben und kurz durchrühren.

Anschließend mit den geschälten Tomaten, der Kokosmilch und der Gemüsebrühe auffüllen. Durchmischen und für 15–20 Minuten kochen lassen. Nun die Lauchringe und die Karottenwürfel zufügen und den Curry-Linseneintopf weitere 5 Minuten köcheln lassen. Mit Salz und Pfeffer abschmecken.

**Nährwerte pro Portion/Person:**
Kalorien: 511, Fett: 24,7 g, Kohlenhydrate: 44,8 g, Eiweiß: 21,9 g

# Köttbullarsuppe

Die Schweden werden mich für verrückt halten …

**7 Portionen**

**Für die Köttbullar-Fleischbällchen:**
400 g mageres Rinderhack
400 g Wurstbrät, grob
2 Eier, Größe M
2 TL Thymian, getrocknet
½ TL Muskatnuss, frisch gemahlen
10 g Kartoffelfasern (alternativ Flohsamenschalen)
1 TL Erythrit
5 g Flohsamenschalen
15 g Kokosöl
Salz und Pfeffer

**Für die Suppe:**
100 g rote Zwiebel, fein gehackt
75 g Tomatenmark, einfach konzentriert (andere Konzentration, Menge anpassen)
500 g Brokkoliröschen, klein zerteilt
250 g Karotte, gewürfelt
750 g Steckrübe oder Kohlrabi, in kleine Würfel geschnitten
75 g TK-Heidelbeeren, ungezuckert
1 l Gemüsebrühe, etwas überwürzt
2 Lorbeerblätter, getrocknet
2 EL Sojasoße, hell
1 EL Ingwer, frisch gerieben
(mehr nach Geschmack)
1 EL Zitronensaft
2 TL Erythrit
200 ml Sahne
200 ml Milch
150 g Cheddar, herzhaft, fein gerieben
1–2 TL Johannisbrotkernmehl

Den Backofen auf 90 Grad Umluft vorheizen.

Die Zutaten für die Hackbällchen vermengen. Mit der Hand kleine Bällchen formen mit 3 cm Durchmesser. In einem großen Topf mit Kokosöl die Köttbullar 8–10 Minuten braten und dann aus der Pfanne nehmen. In einer Auflaufform in den Ofen stellen.

Im Bratfett der Fleischbällchen die Zwiebel andünsten. Das Tomatenmark hinzufügen und kurz anschwitzen. Dann Brokkoli, Karotte und die Steckrübenwürfel in den Topf geben und alles für 1–2 Minuten braten. Die gefrorenen Heidelbeeren untermischen. Nun mit der Gemüsebrühe ablöschen, die Sojasoße, die Lorbeerblätter, den Ingwer, den Zitronensaft und das Erythrit hinzufügen. Für 8–10 Minuten kochen lassen. Dann die Sahne, die Milch und den Cheddar unterrühren. Die Lorbeerblätter wieder entfernen. Nun das Johannisbrotkernmehl mit einem Schneebesen unterrühren und dann noch mit Salz und Pfeffer abschmecken. Zum Schluss die Fleischbällchen in die Suppe geben.

Das Rezept kann auch ganz einfach in der halben Menge gekocht werden, oder aufgewärmt bzw. portionsweise eingefroren werden.

**Nährwerte pro Portion/Person:**
Kalorien: 545, Fett: 36,7 g, Kohlenhydrate: 17,1 g, Eiweiß: 36,0 g

# Herzhafte Kartoffel-Kürbissuppe

4 Portionen

15 ml Olivenöl, nativ extra
85 g Zwiebel, fein gewürfelt
600 g Butternut-Kürbis, geschält, grob geraspelt
250 g Lauch, in Ringe geschnitten
750 ml Gemüsebrühe
20 g Kartoffelfasern
2 TL Majoran, getrocknet
200 ml Sahne (alternativ Milch und Sahne gemischt)
100 g Cheddar, herzhaft, gerieben
250 g Fleischwurst, in kleine Stücke geschnitten
Salz und Pfeffer

In einem großen Topf das Olivenöl erhitzen und die Zwiebelwürfel glasig dünsten. Dann den Kürbis und die Lauchringe hinzufügen und einige Minuten braten. Mit der Gemüsebrühe ablöschen und für 15 Minuten kochen lassen. Dann Kartoffelfasern, den Majoran, die Sahne und den Cheddar zufügen. 5 Minuten heiß ziehen lassen. Abschließend die Fleischwurst zufügen und mit Salz und Pfeffer abschmecken.

**Nährwerte pro Portion/Person:**
Kalorien: 520, Fett: 39,4 g, Kohlenhydrate: 19,0 g, Eiweiß: 20,2 g

# Thai-Hähnchen-Kokossuppe

Meditieren oder Suppe essen. Beides erfreut Buddha …

**4 Portionen**

3 Hähnchenkeulen, mit Haut
1 l Gemüsebrühe
15 g Kokosöl
2 EL rote Currypaste
800 g Chinakohl, in Streifen geschnitten
400 g braune Champignons, in Scheiben geschnitten
400 ml Kokosmilch
50 g Kokosraspel
150 g Frühlingszwiebeln, in Ringe geschnitten
½ TL Johannisbrotkernmehl

Die Hähnchenschenkel in einem Topf mit Gemüsebrühe gerade bedecken und 35–40 Minuten köcheln lassen. Aus der Brühe rausnehmen und leicht abkühlen lassen. Die Haut von den Hähnchenschenkeln entfernen und das Fleisch vom Knochen lösen.

In einem Topf das Kokosöl auf mittlere Hitze erwärmen und die Currypaste darin anschwitzen. Den Chinakohl und die Champignons hinzugeben und kurz anbraten. Mit der Kokosmilch auffüllen und etwa 500 ml von der Kochbrühe der Hähnchenschenkel hinzugeben. 5 Minuten köcheln lassen. Zum Schluss das Hähnchenfleisch, die Kokosraspel und die Frühlingszwiebelringe unterrühren. Wer mag, kann auch noch die Haut der Hähnchenschenkel dazu geben.

Den Topf von der warmen Herdplatte ziehen. Das Johannisbrotkernmehl mit Hilfe eines kleinen Küchensiebs direkt mit dem Schneebesen einrühren. Die Thai-Hähnchen-Kokossuppe zurück auf die Herdplatte und noch einmal kurz aufkochen lassen.

**Nährwerte pro Portion/Person:**
Kalorien: 545, Fett: 45,2 g, Kohlenhydrate: 10,2 g, Eiweiß: 29,8 g

# Tomatiger Beluga-Linseneintopf

**3 Portionen**

85 g rote Zwiebel, gehackt
15 g Kokosöl
125 g Beluga-Linsen
690 ml passierte Tomaten
500 ml Gemüsebrühe
200 g Lauch, in Ringe geschnitten
150 g Karotten, in Würfel geschnitten
1 TL Erythrit
1 TL Kreuzkümmel, gemahlen
½ TL Zimt
1 TL Paprika, rosenscharf
50 g Mandelmus, hell
Salz und Pfeffer

Für den Eintopf die Zwiebelwürfel in Kokosöl glasig dünsten. Dann die Linsen unterrühren. Mit den passierten Tomaten und der Gemüsebrühe ablöschen und für 15 Minuten köcheln lassen. Dann die Gemüsewürfel hinzufügen und weitere 15 Minuten kochen. Anschließend die Gewürze und das Erythrit unterrühren und den Eintopf kräftig mit Salz und Pfeffer abschmecken. Zum Schluss noch das Mandelmus hinzufügen. Je nachdem, welche Konsistenz gewünscht ist, noch etwas Gemüsebrühe hinzufügen.

**Nährwerte pro Portion/Person:**
Kalorien: 395, Fett: 17,3 g, Kohlenhydrate: 34,4 g, Eiweiß: 19,3 g

# Russischer Hackfleischtopf

**5 Portionen**

600 g mageres Rinderhackfleisch
15 ml Olivenöl, nativ extra
200 g rote Zwiebel, geschält, in Würfel oder Ringe geschnitten
550 g Lauch, in 5 mm breite Ringe geschnitten
650 g Blumenkohl, grob geraspelt
100 ml Wodka (alternativ mehr Gemüsebrühe)
690 ml passierte Tomaten
500 ml Gemüsebrühe
4 TL Paprika, edelsüß
3 EL Senf, mittelscharf
1 EL Erythrit
250 g Schmand, 20 % Fett
Salz und Pfeffer

Wo russisch draufsteht, muss Wodka drin sein ...

Einen großen Topf erhitzen und das Hackfleisch im Olivenöl krümelig anbraten. Dann die Zwiebelwürfel hinzufügen und weitere 3–4 Minuten braten. Die Lauchringe und den geraspelten Blumenkohl untermischen und dann den Topf mit dem Wodka ablöschen. Alles verrühren und nun die passierten Tomaten und die Gemüsebrühe hinzufügen. Für 10 Minuten kochen lassen. Das Paprikapulver, das Erythrit, den Senf und kräftig Salz und Pfeffer dazu geben und für weitere 5 Minuten kochen lassen. Nun noch den Schmand unterrühren und final mit Salz und Pfeffer abschmecken.

**Nährwerte pro Portion/Person:**
Kalorien: 493, Fett: 25,8 g, Kohlenhydrate: 15,4 g, Eiweiß: 34,0 g

# Vegane Paprika-Kürbissuppe mit Erdnuss und Champignons

**3 Portionen**

25 g Kokosöl
50 g rote Zwiebel, gehackt
150 g rote Paprika, gewürfelt
150 g orangene Paprika, gewürfelt
400 g Butternut-Kürbis, geschält und entkernt, in Würfel geschnitten
500 ml Gemüsebrühe
2 EL Sojasoße, hell
1 EL Limettensaft, frisch gepresst
40 g Erdnussmus
200 ml Kokosmilch
½ TL Johannisbrotkernmehl
1 TL rote Currypaste
300 g braune Champignons, geviertelt

**Für das Topping:**
75 g Frühlingszwiebeln, in Ringe geschnitten
30 g Erdnüsse, geröstet und gesalzen, grob gehackt

Die Hälfte des Kokosöls in einem großen Topf erhitzen und die Zwiebelwürfel glasig andünsten. Die Paprika- und Kürbiswürfel hinzufügen und für 4–5 Minuten braten. Mit der Gemüsebrühe ablöschen und die Sojasoße und den Limettensaft zufügen. Für 15 Minuten kochen lassen. Das Erdnussmus und die Kokosmilch unterrühren. Anschließend mit dem Pürierstab fein pürieren. Mit Salz und Pfeffer abschmecken. Das Johannisbrotkernmehl mit einem kleinen Küchensieb und einem Schneebesen einrühren.

*Geschmack braucht kein Fleisch …*

In einer Pfanne die zweite Hälfte Kokosöl erhitzen und den Teelöffel Currypaste anschwitzen. Dann die Champignons hinzufügen und unter Rühren 3–4 Minuten braten. Die Champignons in die Suppe geben und anschließend in eine Suppenschale füllen. Nun die Suppe noch mit den Frühlingszwiebelringen und den gehackten Erdnüssen bestreuen.

**Nährwerte pro Portion/Person:**
Kalorien: 465, Fett: 33,3 g, Kohlenhydrate: 26,3 g, Eiweiß: 14,0 g

# Gemüse-Hähnchen-Currytopf

Dieser Eintopf ist für mich ein fast perfektes Essen ...

**4 Portionen**

500 g Hähnchenbrustfilets
15 g Bio-Hühnerbrühepulver
10 g Currypulver
950 g Blumenkohl, grob geraspelt
350 g Lauch, in Ringe geschnitten
250 g Karotten, in kleine Würfel geschnitten
400 ml Kokosmilch
Salz und Pfeffer
½ TL Johannisbrotkernmehl

In einen großen Topf die Hähnchenbrüste nebeneinanderlegen und so viel Wasser hinzufügen, dass diese zu ¾ bedeckt sind. Das Wasser mit den Hähnchenbrüsten zum Kochen bringen und das Hühnerbrühepulver und das Curry zufügen. Die Hähnchenbrüste 30 Minuten leicht köcheln lassen.

Nachdem die Hähnchenbrüste gar sind, diese aus dem Topf nehmen und auf einen Teller legen. Jetzt das ganze Gemüse und die Kokosmilch in die heiße Currybrühe geben und alles zusammen 10–12 Minuten kochen lassen. Immer wieder durchrühren. Nach dem Ende der Kochzeit den Gemüse-Hähnchen-Currytopf von der Herdplatte ziehen und das Johannisbrotkernmehl über ein kleines Küchensieb mit einem Schneebesen einrühren. Zurück auf die Herdplatte mit dem Topf und noch einmal kurz aufkochen lassen.

Nun die garen lauwarmen Hähnchenbrüste kleinschneiden und mit in den Currytopf geben und darin wieder warm ziehen lassen.

**Nährwerte pro Portion/Person:**
Kalorien: 453, Fett: 22,0 g, Kohlenhydrate: 17,1 g, Eiweiß: 39,0 g

# Chili con Chorizo

**4 Portionen**

15 g Kokosöl, zum Braten
150 g rote Zwiebel, gehackt
2 TL rote Currypaste
250 g Chorizo-Wurst, in Würfel geschnitten
500 g Paprika, rot/gelb/grün, in Würfel geschnitten
450 g grüne TK-Brechbohnen
690 ml passierte Tomaten
3 TL Gemüsebrühepulver
1 TL Kreuzkümmel, gemahlen
2 TL Paprika, rosenscharf
200 ml Kokosmilch
1 Dose Kidney-Bohnen (Abtropfgewicht 255 g), mit Wasser abgespült
150 g Avocado, das Fruchtfleisch in Würfel geschnitten
½ TL Johannisbrotkernmehl
Salz und Pfeffer

In einem größeren Topf das Kokosöl erhitzen und die Zwiebelwürfel glasig anschwitzen. Die rote Currypaste und die Chorizo hinzufügen und kurz braten. Dann die Paprikawürfel und die grünen Brechbohnen dazu geben. Gut durchmischen. Nun mit den passierten Tomaten ablöschen und die Gewürze und das Gemüsebrühepulver hinzufügen. Für 10 Minuten unter gelegentlichem Rühren köcheln lassen.

Am Ende die Kokosmilch, die Kidney-Bohnen und die Avocado-Stücke unterrühren. Bei Bedarf zur Bindung mit dem Schneebesen ½ TL Johannisbrotkernmehl untermischen.

**Nährwerte pro Portion/Person:**
Kalorien: 619, Fett: 40,5 g, Kohlenhydrate: 28,1 g, Eiweiß: 27,3 g

*Die würzige Chorizo macht sich gut in dem Chili …*

# Magic-Stoffwechsel-Kohlsuppe

**5 Portionen**

15 g Kokosöl
100 g rote Zwiebel, gehackt
50 g gelbe Currypaste
1 kg Spitzkohl, ohne Strunk, in Streifen geschnitten
250 g rote Paprika, in Stücke geschnitten
150 g Karotten, in Stifte geschnitten
690 ml passierte Tomaten
400 ml Kokosmilch
5–10 g Sambal Oelek (nach gewünschter Schärfe)
375 g Lachsfilet, ohne Haut, in 1–2 cm breite Streifen geschnitten
Salz und Pfeffer

In einem großen Topf das Kokosöl erhitzen. Die Zwiebelwürfel glasig andünsten. Die Currypaste hinzufügen und kurz anschwitzen. Nun die Kohlstreifen, die Paprikastücke und die Karottenstifte dazugeben und alles gemeinsam 2–3 Minuten braten. Mit den passierten Tomaten und der Kokosmilch ablöschen. Noch das Sambal Oelek untermischen. Für 7–8 Minuten kochen lassen. Mit Salz und Pfeffer abschmecken. Zum Schluss noch die Lachsstreifen in die heiße Suppe geben und 4–5 Minuten garziehen lassen.

**Nährwerte pro Portion/Person:**
Kalorien: 476, Fett: 32,1 g, Kohlenhydrate: 18,3 g, Eiweiß: 24,9 g

*Die Kohlsuppendiät hat hiermit ein kurzes Revival ...*

# Kalte Avocado-Gurkensuppe mit Feta

**3 Portionen**

500 ml Dickmilch
100 g Avocado, das Fruchtfleisch in Würfel geschnitten
200 g Feta, in Würfel geschnitten
600 g Gurke, geschält, ohne Kerne, in Würfel geschnitten
15 g Dill, frisch oder TK
Salz und Pfeffer

Alle Zutaten vor der Zubereitung im Kühlschrank aufbewahren.

Dickmilch, Avocado- und Fetawürfel und die Gurkenstücke in den Mixer geben und schön schaumig mischen lassen. Mit Salz und Pfeffer abschmecken. Dann noch den Dill unter die Suppe mischen.

**Nährwerte pro Portion/Person:**
Kalorien: 391, Fett: 29,5 g, Kohlenhydrate: 11,5 g, Eiweiß: 18,2 g

*Brüllende Hitze braucht eine kalte Gurkensuppe ...*

# Nordafrikanische Linsensuppe

**3 Portionen**

40 ml Olivenöl, nativ extra
500 g Aubergine, in 1 cm große Würfel geschnitten
85 g rote Zwiebel, fein gehackt
2 Knoblauchzehen, fein gehackt
50 g Tomatenmark, doppelt konzentriert (andere Konzentration, Menge anpassen)
3 TL Harissapaste
150 g Spitzpaprika, in 1–2 cm große Stücke geschnitten
1 TL Paprikapulver, rosenscharf
1 TL Erythrit
1 TL Kreuzkümmel, gemahlen
125 g Rote Linsen
1 l Gemüsebrühe
2 EL Zitronensaft
40 g Tahinpaste (alternativ Mandelmus, hell)
3 EL glatte Petersilie, gehackt
Salz und Pfeffer

*Bei der würzigen Suppe stehen selbst die Kamele Schlange …*

In einem größeren Topf das Olivenöl erhitzen und die Auberginenwürfel anbraten. Ruhig 6–7 Minuten braten, damit diese etwas Farbe bekommen. Dann die Zwiebelwürfel hinzufügen und diese glasig andünsten. Nach 2–3 Minuten die Knoblauchwürfel dazugeben und ebenfalls kurz anbraten. Nun das Tomatenmark, die Harissapaste, die Paprikawürfel, das Paprikapulver, das Erythrit und den gemahlenen Kreuzkümmel untermischen Die Linsen dazugeben und anschließend mit der Gemüsebrühe ablöschen. Für 15–20 Minuten köcheln lassen. Den Zitronensaft hinzufügen und die Tahinpaste unterrühren. Abschließend mit Salz und Pfeffer abschmecken und in einem Suppenteller mit der gehackten Petersilie servieren.

**Nährwerte pro Portion/Person:**
Kalorien: 455, Fett: 23,1 g, Kohlenhydrate: 37,3 g, Eiweiß: 18,8 g

# Cremige Hähnchensuppe

**4 Portionen**

1,25 l Bio-Hühnerbrühe
250 g Hähnchenbrustfilet
250 g Hähnchenoberkeule, ohne Knochen
650 g Lauch, in Ringe geschnitten
250 g Karotten, in kleine Stücke geschnitten
100 g TK-Erbsen
200 ml Sahne
100 g Cheddar, herzhaft, gerieben
1 TL Johannisbrotkernmehl
Salz und Pfeffer

Die Hühnerbrühe erhitzen und die Hühnerbrüste und das Oberkeulenfleisch für 30 Minuten kochen. Das gekochte Fleisch aus der heißen Brühe nehmen und lauwarm abkühlen lassen. Nun die Lauchringe und die Karottenwürfel in die heiße Brühe geben. Das Gemüse in der Hühnerbrühe 10 Minuten kochen lassen und dann mit dem Pürierstab cremig pürieren. Anschließend die gefrorenen Erbsen zufügen und 4–5 Minuten köcheln lassen. Die Sahne und den Cheddar zur Suppe geben und schmelzen lassen. Zum Schluss noch das Hähnchenfleisch kleinschneiden und in die Suppe rühren. Den Teelöffel Johannisbrotkernmehl über ein kleines Küchensieb mit einem Schneebesen in die Suppe rühren. Kurz aufkochen lassen. Mit Salz und Pfeffer abschmecken.

**Nährwerte pro Portion/Person:**
Kalorien: 511, Fett: 33,6 g, Kohlenhydrate: 14,2 g, Eiweiß: 42,3 g

*Da freut sich die Seele und der Körper …*

# Spinat-Currysuppe mit Lachs

**3 Portionen**

15 g Kokosöl
85 g Zwiebel, gehackt
50 g gelbe Currypaste
850 g Blumenkohl, in Röschen geschnitten
750 ml Gemüsebrühe
225 g TK-Spinat, jung, gehackt
250 ml Kokosmilch
375 g Lachsfilet, ohne Haut, in mundgerechte Streifen geschnitten
Salz und Pfeffer

In einem Topf in etwas Kokosöl die Zwiebelwürfel glasig dünsten und dann die Currypaste kurz mit anschwitzen. Den Blumenkohl untermischen und dann mit der Gemüsebrühe ablöschen. Für 15 Minuten kochen lassen. Wenn der Blumenkohl weich ist, alles fein pürieren. Nun den gehackten gefrorenen Spinat hinzufügen und die Kokosmilch unterrühren.

Die Suppe wieder bis kurz vorm Kochen warm werden lassen und nun noch die Lachsstreifen in die heiße Suppe geben. 5–6 Minuten gar ziehen lassen. Mit Salz und Pfeffer abschmecken.

**Nährwerte pro Portion/Person:**
Kalorien: 566, Fett: 36,0 g, Kohlenhydrate: 14,6 g, Eiweiß: 38,8 g

So gesund, so lecker und so einfach gemacht …

# Röstgemüsesuppe mit Meatballs

Hauptsache Gemüsesuppe ...

**4 Portionen**

400 g grobes Bratwurstbrät/Schweinemett
150 g Karotten, in mundgerechte Stücke geschnitten
300 g rote Paprika, in mundgerechte Stücke geschnitten
300 g Zucchini, in mundgerechte Stücke geschnitten
300 g Aubergine, in mundgerechte Stücke geschnitten
300 g rote Zwiebeln, gewürfelt
50 ml Olivenöl, nativ extra
1 l Gemüsebrühe
100 g Ziegenfrischkäse
je 1 TL Thymian, Oregano und Rosmarin, getrocknet oder frisch, gehackt
Salz und Pfeffer

Den Backofen auf 185 Grad Umluft vorheizen. Das Bratwurstbrät zu Kugeln von etwa 3 cm Durchmesser formen und die Meatballs in eine Auflaufform geben. Das kleingeschnittene Gemüse in eine weitere größere Ofenform füllen und das Olivenöl untermischen. Salz und Pfeffer über das Gemüse streuen. Beide Formen für 35 Minuten in den Ofen stellen.

Die Fleischbällchen einmal zwischendurch wenden, damit die von beiden Seiten Farbe bekommen. Das Gemüse soll am Ende weich und röstig und die Fleischbällchen gar sein. Den Ofen ausschalten und die Fleischbällchen darin warmstellen. Das Gemüse aus dem Ofen nehmen und alles in einen großen Topf geben. Mit der Gemüsebrühe auffüllen und den Inhalt des Topfes pürieren. Die Suppe wieder erhitzen und dann den Ziegenfrischkäse und auch die Kräuter in die Suppe rühren. Mit Salz und Pfeffer abschmecken. Die Röstgemüsesuppe in Schälchen füllen und die gebratenen Fleischbällchen in die Suppe geben.

**Nährwerte pro Portion/Person:**
Kalorien: 483, Fett: 35,7 g, Kohlenhydrate: 18,2 g, Eiweiß: 24,7 g

# Saté-Suppe

**4 Portionen**

25 g Kokosöl
500 g Putenschnitzel, in Geschnetzeltes geschnitten
85 g rote Zwiebel, gehackt
3 TL rote Currypaste
500 g Brokkoli, in Röschen zerteilt
150 g rote Paprika, in Würfel geschnitten
150 g orange Paprika, in Würfel geschnitten
150 g Karotte, in Stifte geschnitten
750 ml Gemüsebrühe
500 g Chinakohl, in Streifen geschnitten
250 ml Kokosmilch
75 g Erdnussmus
½ TL Johannisbrotkernmehl
Salz und Pfeffer

*Davon kann ich nicht genug bekommen …*

Einen größeren Topf mit der Hälfte des Kokosöls erhitzen und das Putengeschnetzelte scharf anbraten. So lange braten, bis es richtig durchgebraten ist. Dann das Fleisch aus dem Topf nehmen und kurz beiseitestellen.

Nochmal etwas Kokosöl in den heißen Topf geben und die Zwiebelstücke darin glasig dünsten. Danach kurz die rote Currypaste mit anschwitzen. Nun das Gemüse (bis auf den Chinakohl) hinzufügen und kurz mitbraten. Mit der Gemüsebrühe ablöschen und den Inhalt des Topfs 7–8 Minuten köcheln lassen. Jetzt noch den Chinakohl zufügen und weitere 3–4 Minuten kochen lassen. Nun die Kokosmilch hinzufügen und das Erdnussmus in der Suppe auflösen. Zum Schluss noch die gebratenen Putenstreifen in die Suppe geben. Zur Bindung den halben Teelöffel Johannisbrotkernmehl durch ein kleines Küchensieb mit dem Schneebesen einrühren. Abschließend mit Salz und Pfeffer abschmecken.

**Nährwerte pro Portion/Person:**
Kalorien: 538, Fett: 30,5 g, Kohlenhydrate: 16,9 g, Eiweiß: 44,4 g

# Fleisch ist mein Gemüse, aber nur mit ganz viel Gemüse

Low Carb, da wird doch nur Fleisch gegessen! Ein Vorurteil, das mir immer wieder pauschal begegnet, wenn es um das Für und Wider dieser Ernährungsform geht. Ja, bei der Low-Carb-Ernährung spielt Fleisch als hervorragende Eiweißquelle eine wichtige Rolle. Aber, bei genauerem Blick wird offensichtlich, dass bei Happy Carb kleinere Fleischportionen gegessen werden, als das häufig bei »herkömmlicher« Ernährung der Fall ist. Im Gegenzug sind die Gemüseportionen in meinen Rezepten förmlich explodiert. Manchmal sind die Dinge eben nicht so, wie sie auf den ersten Blick scheinen. Also, immer erst einen Blick auf den Teller werfen und schauen, wer da wirklich Hauptdarsteller ist und wer nur eine Nebenrolle hat. Die richtige Kombination macht eine gesunde Low-Carb-Ernährung aus. Und ja, man kann auch mit einem Fleischanteil von nur 100–150 g in einer Mahlzeit satt werden und erleidet durch viel Gemüse keinen Schwächeanfall.

# Wirsing-Maultaschen

20 Maultaschen/4 Portionen

1,2 kg schwerer Wirsingkopf

**Für die Fleischfüllung:**
250 g Hackfleisch, Rind und Schwein gemischt
250 g Schweinemett
75 g Zwiebel, gehackt
150 g TK-Blattspinat, aufgetaut, das Wasser ausgedrückt und dann mit dem Messer gehackt
1 Ei, Größe L
1 EL Flohsamenschalen
2 TL Gemüsebrühepulver
je 1 TL Majoran und Thymian, getrocknet

100 g Appenzeller Käse, gerieben

Den Backofen auf 175 Grad Umluft vorheizen.

An dem Wirsingkohl die nicht schönen Blätter entfernen. Die besseren lockeren Blätter ebenfalls abschneiden. Einen großen Topf mit Wasser zum Kochen bringen. Den Wirsingkohl am Stück hineingeben und gemeinsam mit den schönen losen Blättern für 8 Minuten kochen lassen. Dann alles mit der Schaumkelle rausholen. Die losen Blätter zur Seite legen und die äußeren Blätter am halbgekochten Wirsing entfernen. Den restlichen Kohlkopf wieder zurück ins Wasser und erneut 6 Minuten kochen lassen. Dann wieder rausholen, die äußeren Blätter entfernen und wieder zurück ins kochende Wasser. So verfahren, bis mindestens 20 brauchbare Blätter halbweich zur weiteren Verarbeitung bereit sind.

Bei den Wirsingblättern unten am Strunkende etwas wegschneiden. So bleiben ovale Wirsingblätter übrig. Wenn der Strunk noch sehr dick ist, dann mit dem Messer etwas glätten. Das Wirsingherz aus dem Kochwasser und nicht benötigte Wirsingblätter am Ende in Streifen schneiden.

Aus dem Hackfleisch, dem Mett und den restlichen Zutaten einen Fleischteig zubereiten. Dann die Wirsingblätter nehmen und jeweils etwa 1 EL der Fleischfüllung auf eine Seite der Wirsingblätter setzen. Die Blätter dann aufrollen und umschlagen. Es entstehen kleine Wirsing-Päckchen mit Maultaschenfüllung.

Den kleingeschnittenen Wirsing in eine große Auflaufform geben und leicht mit Salz und Pfeffer würzen. Die gefüllten Wirsing-Maultaschen auf das Gemüse legen und so für 20 Minuten im Ofen backen. Jetzt erst mit dem Appenzeller Käse bestreuen und zurück in den Ofen damit für weitere 20 Minuten.

**Nährwerte pro Portion/Person:**
Kalorien: 522, Fett: 33,8 g, Kohlenhydrate: 10,3 g, Eiweiß: 37,7 g

Schwäbische Hausmannskost ganz Low Carb ...

# Blumenkohl-Paprika-Auflauf mit Mett

**4 Portionen**

950 g Blumenkohlröschen, in mundgerechte Größe geschnitten
400 g rote Paprika, in mundgerechte Stücke geschnitten
400 g Schweinemett bzw. grobes Wurstbrät
15 ml Olivenöl, nativ extra
100 g Frischkäse
50 g Ajvar, scharf
100 g Cheddar, herzhaft, gerieben
Salz und Pfeffer

Den Backofen auf 175 Grad Umluft vorheizen.

In eine sehr große Auflaufform die Blumenkohlröschen, die Paprikastücke und das Wurstbrät, in Fetzen gezupft, füllen. Mit dem Olivenöl mischen und mit Salz und Pfeffer würzen.

Für 20 Minuten in den Ofen stellen. Zwischendurch 1-mal durchmischen.

Den Frischkäse mit dem Ajvar verrühren und mit Salz und Pfeffer würzen. Wenn die 20 Minuten Backzeit um sind, die Ofenform rausholen und die Ajvarcreme in der Gemüse-Mettmischung verteilen. Durchmischen und dann mit dem Cheddar bestreuen. Nun erneut für 10 Minuten in den Ofen.

**Nährwerte pro Portion/Person:**
Kalorien: 555, Fett: 38,6 g, Kohlenhydrate: 13,9 g, Eiweiß: 32,3 g

*Hier kocht der Ofen ...*

# Chicorée-Bacon-Auflauf

**4 Portionen**

30 ml Olivenöl, nativ extra
1,5 kg Chicorée, längs halbiert
85 g rote Zwiebel, gewürfelt
1 Zehe Knoblauch, fein gehackt
350 g Bacon, in Würfel geschnitten
500 g geschälte Tomaten, aus der Dose
30 g Tomatenmark, einfach konzentriert
(andere Konzentration, Menge anpassen)
1 EL heller Balsamico-Essig
1 TL Kreuzkümmel, gemahlen
½ TL Zimt, gemahlen
100 g Appenzeller Käse, gerieben

Den Backofen auf 175 Grad Umluft vorheizen.

Einen großen Topf erhitzen und etwas Olivenöl hineingeben. Den halbierten Chicorée mit der Schnittfläche nach unten für 2–3 Minuten anbraten. Dann drehen und weitere 2 Minuten braten. Alle Chicoréehälften anbraten und anschließend aus dem Topf nehmen. Erneut Olivenöl in den Topf geben. Die Zwiebelwürfel glasig andünsten. Den Knoblauch und die Baconwürfel hinzufügen. Dann die geschälten Tomaten, das Tomatenmark, den Balsamico-Essig und die Gewürze hinzufügen. Für 25 Minuten kochen lassen. Mit Salz und Pfeffer abschmecken. In der Zwischenzeit beim angebratenen Chicorée den Strunk wegschneiden und in eine Auflaufform legen. So schichten, dass es für 2 Ebenen reicht. Nach der ersten Schicht die Hälfte der Baconsoße auf den Chicorée geben und dann die zweite Schicht des Gemüses darüber. Mit dem Rest der Soße und dem Käse abschließen. Für 25 Minuten im Ofen backen.

**Nährwerte pro Portion/Person:**
Kalorien: 542, Fett: 37,6 g, Kohlenhydrate: 17,9 g, Eiweiß: 28,7 g

# Sweet-Chili-Hähnchen mit Röstpaprika-Erbsen-Blumenkohlreis

**4 Portionen**

Süßsauer, fast wie beim Chinesen ...

950 g Blumenkohl, grob geraspelt
600 g Hähnchenbrustfilets (4 Stück), jeweils längs in 2 Stücke zerteilt, mit Salz und Pfeffer gewürzt
15 g Kokosöl
150 g geschälte Röstpaprika, eingelegt in Essig und Öl, in Würfel geschnitten
150 g TK-Erbsen, 5–6 Minuten in Wasser vorgekocht
200 ml Sweet-Chili-Soße, selbstgemacht (Seite 95)
Salz und Pfeffer

Den Backofen auf 175 Grad Umluft vorheizen.

Den geraspelten Blumenkohl in eine große Ofenform geben und für 15 Minuten in den Ofen stellen. In der Zwischenzeit die halbierten Hähnchenbrüste in der Pfanne im Kokosöl anbraten. Reicht 3-4 Minuten, jeweils von beiden Seiten.

Den Blumenkohlreis aus dem Ofen nehmen und durchmischen. Die Paprikawürfel und die vorgekochten Erbsen untermischen und mit Salz und Pfeffer würzen. Die angebratenen Hähnchenfilets auf den Blumenkohlreis legen und gemeinsam für 10 Minuten in den Ofen stellen. Erneut aus dem Ofen nehmen und die Sweet-Chili-Soße über den Hähnchenstücken und dem Blumenkohlreis verteilen. Den Ofen ausschalten und alles in der Resthitze 5 Minuten im Ofen ziehen lassen.

**Nährwerte pro Portion/Person:**
Kalorien: 348, Fett: 8,6 g, Kohlenhydrate: 19,4 g, Eiweiß: 43,8 g

# Sweet-Chili-Soße

**Ergibt 400 ml fertige Sweet-Chili-Soße**

Selbstgemacht ist doch eindeutig besser ...

10 g Kokosöl
1 kleine rote Zwiebel, fein gehackt
3 Knoblauchzehen, fein gehackt
4 rote Chilis, fein gehackt
1 gelbe Chili, fein gehackt

200 ml Wasser
50 ml heller Balsamico-Essig
50 g Gelier-Xucker, 3:1
50 ml Ketchup, zuckerfrei
1 TL Salz

In einem Topf im Kokosöl die Zwiebelwürfel glasig andünsten und dann Knoblauch und Chilis zufügen. Kurz braten und dann mit dem Wasser ablöschen und den Essig, den Gelier-Xucker und das Ketchup und Salz zufügen. Für 15 Minuten kochen lassen und dann heiß in ein Schraubglas oder eine Glasflasche füllen.

**Nährwerte pro 100 ml:**
Kalorien: 80, Fett: 2,6 g,
Kohlenhydrate: 12,9 g,
Eiweiß: 0,9 g

# Scharfe Spinat-Hack-Paprikas

**4 Portionen**

15 ml Olivenöl, nativ extra
100 g rote Zwiebel, gewürfelt
400 g Hackfleisch, Rind und Schwein gemischt
400 g TK-Blattspinat, aufgetaut, das Wasser ausgedrückt und gehackt
2 TL Sambal Oelek
1 EL Thymian, frisch oder getrocknet
150 g Frischkäse
1000 g Paprika rot (6 Stück), längs halbiert und das Kerngehäuse entfernt
75 g Gouda, mittelalt, gerieben
Salz und Pfeffer

Den Backofen auf 175 Grad Umluft vorheizen.

In einem Topf das Olivenöl erhitzen und die Zwiebelwürfel glasig andünsten. Das Hackfleisch hinzufügen und einige Minuten krümelig braten. Dann den Spinat untermischen. Nun noch das Sambal Oelek, den Thymian und das Salz und Pfeffer hinzufügen. Alles gut mischen und zum Schluss noch den Frischkäse unterheben. Die Hack-Spinat-Pfanne im Topf kräftig abschmecken.

Die Paprikahälften mit der Mischung füllen und anschließend mit dem Käse bestreuen. Auf ein Backblech legen und für 25 Minuten in den Ofen stellen.

**Nährwerte pro Portion/Person:**
Kalorien: 550, Fett: 36,0 g, Kohlenhydrate: 18,3 g, Eiweiß: 31,1 g

*Gefüllte Paprika mag ich gerne. Und scharf sowieso …*

# Low-Carb-Nudelpfanne Jägerlatein

Waidmannsheil und Waidmannsdank ...

**3 Portionen**

**Für die Mozzarella-Nudeln:**
250 g Mozzarella, 45 % Fett, kleingeschnitten
4 Eigelb
50 g Eiweißpulver, Natural
20 g Flohsamenschalen
½ TL Kurkuma
1 TL Salz
Eiweißpulver, Natural, zum Ausrollen

**Für die Nudelpfanne:**
150 g rote Zwiebel, in Ringe geschnitten
100 g Bacon in Scheiben, in Streifen geschnitten
15 ml Olivenöl, nativ extra
250 g braune Champignons, je nach Größe halbiert oder geviertelt
100 g Frühlingszwiebeln, in dünne Ringe geschnitten
Salz und Pfeffer

Für die Nudeln den kleingeschnittenen Mozzarella gemeinsam mit den Eigelben pürieren. In diese Masse die trockenen Zutaten unterrühren. Den Teig für etwa 15 Minuten quellen lassen. Dann kräftig mit Eiweißpulver bemehlen und mit Hilfe von Frischhaltefolie ganz dünn ausrollen. Bei Bedarf immer wieder mit etwas mit Eiweißpulver einpudern. Wenn die Dicke nur noch 1 mm ist, dann mit einem Pizzaroller in breitere Streifen schneiden und die dann in kurze Stücke zerteilen. So werden kurze Bandnudeln aus dem Teig. Die Nudeln noch kurz für 2–3 Minuten in Wasser kochen und abgießen. Einige Minuten ausdampfen lassen, dann bekommen sie mehr Biss. Einen Topf auf mittlere Hitze erwärmen die Zwiebelringe und die Baconwürfel in etwas Olivenöl 3–4 Minuten braten. Dann die Champignons hinzufügen und alles gemeinsam 4–5 Minuten braten. Nun die kurzen Bandnudeln untermischen und wieder warm werden lassen. Zum Schluss noch die Frühlingszwiebelringe hinzufügen und die Nudelpfanne mit Salz und Pfeffer abschmecken.

**Nährwerte pro Portion/Person:**
Kalorien: 552, Fett: 37,7 g, Kohlenhydrate: 7,6 g, Eiweiß: 42,5 g

# Kürbighetti-Gulasch-Auflauf

**5 Portionen**

1,25 kg Butternut-Kürbis, den massiven Teil in Spaghetti geschnitten
30 ml Olivenöl, nativ extra
150 g rote Zwiebeln, gehackt
650 g Putengulasch, aus der Keule
60 g Tomatenmark, einfach konzentriert (andere Konzentration, Menge anpassen)
2 TL Erythrit
250 ml Apfelwein, alkoholfrei (alternativ Wasser mit 1 EL hellem Balsamico-Essig)
400 g geschälte Tomaten, aus der Dose
2 TL Gemüsebrühepulver
2 EL italienische Kräuter, getrocknet (Rosmarin, Oregano, Thymian, Salbei etc.)
50 g Frischkäse
100 g Cheddar, herzhaft, in Scheiben geschnitten
75 g Parmesan, gerieben
Salz und Pfeffer

Den Backofen auf 180 Grad Umluft vorheizen.

In einem Topf etwas Olivenöl erwärmen und die Zwiebelwürfel und das Fleisch für 6–8 Minuten anbraten. Das Tomatenmark und das Erythrit hinzufügen und ebenfalls kurz mit anschwitzen. Dann mit dem Apfelwein und den Dosentomaten ablöschen. Das Gemüsebrühepulver und die getrockneten Kräuter hinzufügen und so für 1 Stunde offen, also ohne Topfdeckel, unter gelegentlichem Rühren köcheln lassen. Die Soße soll stark einreduzieren. Am Ende den Frischkäse unterrühren und kräftig mit Salz und Pfeffer würzen. Die Soße muss überwürzt sein, da der Kürbis viel Geschmack schluckt.

In einem weiteren großen Topf etwas Olivenöl erhitzen und die Kürbighetti anbraten. Für 7–9 Minuten braten, bis diese bissfest sind. Ich musste das wegen der sperrigen Menge in 2 Portionen machen.

# Der beste Kürbis-auflauf ever …

Eine große Auflaufform nehmen und den Boden mit 1/3 der gebratenen Kürbis-Spaghetti auslegen. Dann die Hälfte des Gulaschs darüber verteilen und darauf die Hälfte des Scheiben-Cheddar legen. Nun wieder einen Teil der Kürbighetti in die Auflaufform füllen und dann wieder Gulasch schichten und den restlichen Cheddar aufbrauchen. Der Auflauf schließt mit dem Rest Kürbighetti ab, über denen noch der Parmesan verteilt wird. Nun den Auflauf für 25 Minuten in den Ofen stellen.

**Nährwerte pro Portion/Person:**
Kalorien: 526, Fett: 26,6 g, Kohlenhydrate: 30,5 g, Eiweiß: 40,0 g

# Zitronen-Tomaten-Hähnchen aus dem Römertopf

**3 Portionen**

3 kleine Hähnchenschenkel ohne Rückenstück, im Gelenk in 2 Teile zerteilt, gesalzen und gepfeffert
100 g Schinkenspeck, in Würfel geschnitten
150 g Karotten geschält, in Stifte geschnitten
300 g Kohlrabi geschält, wie kurze Pommes geschnitten
250 g Kirschtomaten
100 g in Öl und Kräuter eingelegte getrocknete Tomaten, in Streifen geschnitten
250 g Schalotten, geschält und halbiert
200 ml Gemüsebrühe, kräftig gewürzt
1 Bio-Zitrone, in Scheiben geschnitten
1 EL Thymian, getrocknet

Alles in einen Römertopf (oder anderen ofengeeigneten Topf mit Deckel) geben und durchmischen. Den Römertopf schließen und in den kalten Herd stellen. Auf 175 Grad Umluft stellen und 90 Minuten schmoren lassen. Nach der Zeit den Bratensaft durch ein Sieb in einen kleinen Topf abgießen und den geschlossenen Römertopf im Ofen warm stellen.

**Den Bratensaft erhitzen und die folgenden Zutaten hinzufügen:**
25 g Tomatenmark, einfach konzentriert (andere Konzentration, Menge anpassen)
75 g Frischkäse
Saft von einer halben Zitrone
1 TL Erythrit
Salz und Pfeffer

Alles zum Kochen bringen und so lange reduzieren lassen, bis die Soße eine schön cremige Konsistenz hat. Das Gemüse mit dem Fleisch und die Soße gemeinsam anrichten.

**Nährwerte pro Portion/Person:**
Kalorien: 558, Fett: 29,5 g, Kohlenhydrate: 20,1 g, Eiweiß: 47,5 g

Eine zitronig-mediterrane Komposition, die nach Amalfi-Küste schmeckt …

# Haschee-Blumisagne

5 Portionen

**Für die Blumenkohl-Lasagneplatten:**
75 g Zwiebel, fein gehackt
15 ml Olivenöl, nativ extra
950 g Blumenkohl, grob geraspelt
2 TL Gemüsebrühe, als Pulver
75 g Gouda, mittelalt, gerieben
3 Eier, Größe M, zu Rührei verquirlt

**Für das Haschee:**
75 g rote Zwiebel, gehackt
15 ml Olivenöl, nativ extra
30 g Tomatenmark, einfach konzentriert (andere Konzentration, Menge anpassen)
500 g mageres Rinderhackfleisch
200 g Lauch, in 0,5 cm breite Ringe geschnitten
200 g Karotten, in kleine Stücke geschnitten
2 TL Gemüsebrühe, als Pulver
2 TL Thymian und 2 TL Majoran, frisch oder getrocknet
200 ml heißes Wasser
75 g Frischkäse
75 g Cheddar, herzhaft, gerieben
¼ TL Johannisbrotkernmehl
Salz und Pfeffer
50 g Gouda, mittelalt, gerieben, zum Überbacken

Den Backofen auf 180 Grad Umluft vorheizen.

*Ein Alptraum für Gemüse-Hasser ...*

In einem Topf die Zwiebelwürfel für die Lasagneplatten im Olivenöl anschwitzen und den geraspelten Blumenkohl hinzufügen. Kräftig mit dem Gemüsebrühepulver würzen. Wenn der Blumenkohl nach einigen Minuten halbgar ist, dann lauwarm abkühlen lassen. Anschließend den geriebenen Gouda und die flüssigen Eier unterrühren. Den Blumenkohlteig auf ein mit Backpapier ausgelegtes Blech geben und zu einer großen Platte verteilen. Dann 25–30 Minuten in den Ofen schieben, bis die Blumenkohlplatte etwas Farbe bekommen hat.

Für das Haschee die Zwiebelwürfel in etwas Olivenöl bei mittlerer Hitze glasig dünsten und kurz das Tomatenmark mit anschwitzen. Dann das Hackfleisch hinzufügen und krümelig braten. Nun noch Lauch und Karotten dazu geben und das Gemüsebrühepulver und die Kräuter untermischen. Den Inhalt des Topfes mit dem heißen Wasser ablöschen. 10–15 Minuten offen (ohne Deckel) kochen lassen. Nun den Frischkäse und den geriebenen Cheddar unterrühren. Mit Salz und Pfeffer abschmecken und das Johannisbrotkernmehl über ein kleines Küchensieb mit dem Schneebesen zur Bindung einrühren.

Die fertige blechgroße Blumenkohl-Platte in 4 Teile zerteilen. In eine passende Auflaufform etwas Haschee auf den Boden geben und vorsichtig das erste Viertel der Blumenkohl-Platte in die Form geben. Dann darauf Soße geben und dann wieder Blumenkohl. So fortfahren, bis alle 4 Platten in der Auflaufform sind und die Blumisagne mit Haschee abschließt. Darauf den geriebenen Gouda verteilen und die Blumisagne für 25 Minuten in den Ofen stellen.

**Nährwerte pro Portion/Person:**
Kalorien: 555, Fett: 35,3 g, Kohlenhydrate: 13,8 g, Eiweiß: 42,1 g

# Steckrübenspaghetti mit Salami-Tomaten-Pesto

Wer da noch nach Pasta fragt, ist selbst schuld ...

3 Portionen

**Für das Salami-Tomaten-Pesto:**
50 g Salami, luftgetrocknet, fein gewürfelt
25 g getrocknete Tomaten (nicht die in Öl)
25 g Pinienkerne, ohne Fett geröstet
25 g Parmesan, gerieben
50 ml Olivenöl, nativ extra
Salz und Pfeffer

900 g Steckrübe, zu Spaghetti geschnitten
25 ml Olivenöl, nativ extra
300 g braune Champignons, halbiert oder geviertelt
85 g rote Zwiebel, gewürfelt

20 g Parmesan, gerieben, zum Bestreuen

Alle Zutaten für das Pesto gemeinsam pürieren.

Einen Topf mit etwas Olivenöl erhitzen. Die Champignons 2–3 Minuten braten und anschließend aus dem Topf nehmen. Im gleichen Topf nun mit weiterem Olivenöl die Zwiebelwürfel glasig dünsten und dann die Steckrübenspaghetti für 8–10 Minuten braten. Bei Bedarf den Deckel zwischendurch schließen. Danach die Champignons zurück zu den Steckrübenspaghetti geben. Als letztes noch das Salami-Tomaten-Pesto untermischen und das Essen auf dem Teller mit ein wenig Parmesan bestreuen.

**Nährwerte pro Portion/Person:**
Kalorien: 501, Fett: 39,3 g, Kohlenhydrate: 18,6 g, Eiweiß: 17,9 g

# Zwiebel-Kohlrabi-Gratin

4 Portionen

**Für die Zwiebelmischung:**
800 g Zwiebeln, bereits geschält, halbiert und in Ringe geschnitten
15 ml Olivenöl, nativ extra
200 g Schinkenspeck, in kleine Würfel geschnitten
200 g Schmand, 20 % Fett
2 Eier, Größe M, verquirlt
½ TL Cayennepfeffer
1 TL Kümmel, ganz
Salz und Pfeffer

15 g Kokosöl
1,2 kg Kohlrabi, geschält, in mundgerechte Stücke geschnitten
Salz und Pfeffer
100 g Gruyère Käse, gerieben, zum Überbacken

Den Backofen auf 180 Grad Umluft vorheizen.

In einem großen Topf die Zwiebelringe im Olivenöl weich braten. Die dürfen dabei gerne etwas Farbe bekommen. Die Zwiebeln aus dem Topf nehmen und in einer Schüssel leicht abkühlen lassen. Nun das Kokosöl im gleichen Topf erhitzen und die Kohlrabistücke für 8–10 Minuten halbgar braten. Dabei immer wieder den Deckel schließen, damit die Stücke etwas garen können. Mit Salz und Pfeffer würzen und in eine große Auflaufform füllen.

Zu den weichen lauwarmen Zwiebeln den gewürfelten Schinkenspeck, den Schmand und die verquirlten Eier geben. Durchrühren und kräftig mit Salz, Pfeffer und Cayennepfeffer würzen. Den Kümmel hinzufügen. Anschließend die Zwiebelmasse über den Kohlrabistücken verteilen und mit dem Gruyère Käse bestreuen. Für 20–25 Minuten in den heißen Ofen stellen.

**Nährwerte pro Portion/Person:**
Kalorien: 525, Fett: 32,8 g, Kohlenhydrate: 23,6 g, Eiweiß: 30,2 g

# Gyros-Schichtbraten

5 Portionen

**Für das Gyros:**
600 g Schweinekamm oder -schnitzel, in rouladendicke Scheiben geschnitten
25 ml Olivenöl, nativ extra
2 Knoblauchzehen, gepresst
1 EL Gyrosgewürz
Salz und Pfeffer

**Für die Gemüsemischung:**
300 g rote Spitzpaprika, in mundgerechte Würfel geschnitten
300 g rote Zwiebel, gewürfelt
300 g Aubergine, in mundgerechte Würfel geschnitten
600 g Spitzkohl, in mundgerechte Streifen geschnitten
25 ml Olivenöl, nativ extra
1 EL Gyrosgewürz
Salz und Pfeffer

**Für die Würzcreme:**
100 g Feta, in Würfel geschnitten
150 g Frischkäse
15 g rote Currypaste
1 Zehe Knoblauch, gehackt
2 EL Wasser
2 TL Gyrosgewürz
Salz und Pfeffer

Die Fleischscheiben mit dem Olivenöl, dem Knoblauch und den Gewürzen für mehrere Stunden im Kühlschrank marinieren.

Den Backofen auf 175 Grad Umluft vorheizen.

Das geschnittene Gemüse mit dem Öl und den Gewürzen auf ein tiefes Backblech geben und für 20 Minuten in den Ofen damit. 2-mal durchmischen während dieser Zeit.

# Wenn die Akropolis mal nicht mehr steht, Gyros bleibt ....

In einer Pfanne die marinierten Fleischscheiben nach und nach scharf von beiden Seiten anbraten für jeweils 1–2 Minuten. Das geht ohne zusätzliches Fett, denn das Fleisch ist ja schon eingelegt.

Für die Würzcreme den gewürfelten Feta, den Frischkäse, die Currypaste und den Knoblauch pürieren. Anschließend das Gyrosgewürz untermischen und kräftig mit Salz und Pfeffer abschmecken.

Eine große Auflaufform nehmen und den Boden mit Röstgemüse bedecken. Dann mit angebratenen Fleischscheiben belegen. Darüber wieder vom Röstgemüse verteilen. Auf dem Gemüse 1/3 von der Würzcreme verteilen. Dann wieder Fleisch, dann Gemüse und auch wieder Würzcreme geben. Noch eine Lage Fleisch und Gemüse und abschließend den Rest Würzcreme verteilen. Alles gemeinsam für 30 Minuten in den Ofen.

**Nährwerte pro Portion/Person:**
Kalorien: 555, Fett: 39,0 g, Kohlenhydrate: 14,5 g, Eiweiß: 34,5 g

# Blumenkohlkroketten mit Tomaten-Hähnchenschnitzel

4 Portionen

**Für die Blumenkohlkroketten:**
800 g Blumenkohlröschen, 15 Minuten gekocht und lauwarm sehr fein püriert
2 Eier, Größe M
25 g Kartoffelfasern
15 g Flohsamenschalen
2 TL Gemüsebrühe, als Pulver
½ TL Muskatnuss, frisch gemahlen
Salz und Pfeffer

**Für die Hähnchenschnitzel:**
500 g Hähnchen-Minutenschnitzel
1 Ei, Größe M, verquirlt und gewürzt
25 g Flohsamenschalen
25 g Kokosöl
Salz und Pfeffer

**Für die cremigen Tomaten:**
750 g Kirschtomaten
75 g Frischkäse mit Kräutern

Den Backofen auf 175 Grad Umluft vorheizen.

Die Zutaten für die Kroketten mischen und kräftig abschmecken. Ein Blech mit Backpapier bedecken. Mit einem Esslöffel Nocken auf das Blech geben oder mit der Spritztülle kleine Herzoginkartoffeln auf das Blech spritzen. Die Kroketten für 25 Minuten im Ofen backen. Nach 15 Minuten die Kirschtomaten in einer kleinen Auflaufform zu den Kroketten dazu stellen.

## Kroketten im Herzoginnenstyle …

Die Hähnchenschnitzel mit Salz und Pfeffer würzen und durch das verquirlte Ei ziehen. Anschließend in den Flohsamenschalen wenden und in einer Pfanne mit erhitztem Kokosöl für 7–8 Minuten goldbraun braten.

Die Kirschtomaten aus dem Ofen nehmen und den Kräuterfrischkäse unterrühren. Bei Bedarf noch mit Salz und Pfeffer abschmecken. Dann auch die Kroketten aus dem Ofen nehmen. Gemeinsam mit den Hähnchenschnitzeln anrichten.

**Nährwerte pro Portion/Person:**
Kalorien: 415, Fett: 17,2 g, Kohlenhydrate: 13,5 g, Eiweiß: 42,6 g

# Brokkoli-Karotten-Hackpfanne

**3 Portionen**

15 g Kokosöl
350 g Hackfleisch, Rind und Schwein gemischt
85 g Zwiebel, fein gehackt
750 g Brokkoliröschen, nicht zu groß geschnitten
250 g Karotten, in Stifte geschnitten
250 g braune Champignons, geviertelt
je 1 TL Majoran und Thymian, getrocknet
100 g Frischkäse
10 ml Sojasoße, dunkel
Salz und Pfeffer

In einem großen Topf das Kokosöl erhitzen.
Das Hackfleisch anbraten, bis es krümelig ist. Dann die Zwiebelwürfel hinzufügen und im Hackfleisch glasig dünsten.

Nun die Brokkoliröschen und die Karottenstifte hinzufügen und für 2–3 Minuten braten. Den Deckel schließen und alles für 5 Minuten köcheln lassen. Als Nächstes die Champignonstücke untermischen und für 2–3 Minuten mitbraten. Die getrockneten Kräuter dazugeben und jetzt den Frischkäse und die würzige dunkle Sojasoße unterrühren. Abschließend mit Salz und Pfeffer abschmecken.

**Nährwerte pro Portion/Person:**
Kalorien: 551, Fett: 35,7 g, Kohlenhydrate: 17,3 g, Eiweiß: 36,1 g

Low Carb auf die Schnelle aus einem Topf …

# Schüttelpizza Konfuzius

**3 Portionen**

200 g Hüttenkäse/körniger Frischkäse, 20 % Fett
125 g Mozzarella, 45 % Fett, fein gehackt
150 Hähnchenbrust, ganz fein gewürfelt
3 Eier, Größe M, mit Salz und Pfeffer zu Rührei verquirlt
25 g Haferkleie (alternativ 15 g Flohsamenschalen)
100 g rote Paprika, in kleine Würfel geschnitten
100 g Frühlingszwiebeln, in Ringe geschnitten
100 g rote Zwiebel, gehackt
100 g Karotte, grob geraspelt
15 g Kokosöl, geschmolzen
3 TL Schwarze Bohnen-Soße mit Knoblauch (Fertigprodukt)
Salz und Pfeffer

Chinesische Pizza. Da war ich wohl konfus im Kopf …

Den Backofen auf 180 Grad Umluft vorheizen.

Alle Zutaten in eine große Schüssel geben. Deckel drauf und schütteln, was das Zeug hält. Oder alle Zutaten in eine Schüssel geben und verrühren. Die Mischung auf ein mit Backpapier vorbereitetes Blech geben und bis in die Ecken verteilen. Das klappt super mit einem Tortenheber. Für 30–35 Minuten backen.

**Nährwerte pro Portion/Person:**
Kalorien: 426, Fett: 22,5 g, Kohlenhydrate: 17,5 g, Eiweiß: 37,1 g

# Pesto-Hähnchen auf Röstgemüse

4 Portionen

Einfach ist doch super, solange es lecker ist …

**Für das Pesto-Hähnchen:**
75 g Tomaten-Pesto
75 g Gouda, mittelalt, gerieben
600 g Hähnchenbrustfilets (4 Brüste á 150 g)

**Für das Röstgemüse:**
400 g Zucchini, in grobe mundgerechte Stücke geschnitten
300 g Aubergine, in grobe mundgerechte Stücke geschnitten
250 g rote Paprika, in grobe mundgerechte Stücke geschnitten
250 g braune Champignons, halbiert oder geviertelt
250 g rote Zwiebeln, in grobe mundgerechte Stücke geschnitten
Paprika, rosenscharf
Currypulver
Mediterrane Kräuter, getrocknet, nach Geschmack zugeben
50 ml Olivenöl, nativ extra
Salz und Pfeffer

Den Backofen auf 175 Grad Umluft vorheizen.

Das Pesto mit dem geriebenen Gouda mischen. Die Hähnchenbrüste in Abständen von 2–3 cm mit einem Messer auf halbe Tiefe einschneiden. In die Schlitze die Pesto-Käse-Mischung stopfen. In einer großen Ofenschale das Gemüse mit den Gewürzen, Salz und Pfeffer und dem Olivenöl mischen. Die Hähnchenbrüste auf das Gemüse legen und alles gemeinsam für 25–30 Minuten in den heißen Ofen stellen.

**Nährwerte pro Portion/Person:**
Kalorien: 507, Fett: 28,0 g, Kohlenhydrate: 15,0 g, Eiweiß: 46,6 g

# Apfel-Zwiebel-Putenleber mit Knoblauchbutter-Kürbis

Leber ist ein unglaublich nährstoffreiches Lebensmittel …

**2 Portionen**

**Für den Knoblauchbutter-Kürbis:**
25 g Butter, geschmolzen
1 Knoblauchzehe, gepresst
500 g Butternut-Kürbis, geschält und entkernt, in mundgerechte Stücke geschnitten
Salz und Pfeffer

**Für die Apfel-Zwiebel-Putenleber:**
15 g Kokosöl
150 g rote Zwiebeln, in Spalten geschnitten
75 g Apfel, geschält, entkernt und in kleine Stücke geschnitten
15 ml dunkler Balsamico-Essig
300 g Putenleber (von guter Herkunft, bei Innereien besonders wichtig!)

Den Backofen auf 175 Grad Umluft vorheizen.

Die geschmolzene Butter mit dem gepressten Knoblauch mischen und kräftig mit Salz und Pfeffer würzen. Die Kürbisstücke in einer Ofenform mit der Knoblauchbutter vermengen. Für 25 Minuten in den Ofen stellen. In einer großen Pfanne das Kokosöl erhitzen und die Zwiebelstücke 12–15 Minuten weich dünsten. Dann die Apfelstücke hinzufügen und weitere 5 Minuten braten. Mit Salz und Pfeffer würzen und den Balsamico-Essig untermischen. Die Apfel-Zwiebelmischung aus der Pfanne nehmen und in einem Behälter zum Warmhalten in den Backofen stellen. In der Pfanne nun die Putenleber von beiden Seiten jeweils 2–3 Minuten braten und dann mit Salz und Pfeffer würzen. Gemeinsam mit dem Knoblauchbutter-Kürbis und den Apfelzwiebeln anrichten.

**Nährwerte pro Portion/Person:**
Kalorien: 513, Fett: 27,5 g, Kohlenhydrate: 30,5 g, Eiweiß: 35,6 g

# Das kleine Schlossgeheimnis

4 Portionen

**Für die Petersilienwurzel-Pommes:**
1200 g Petersilienwurzel, in Pommes geschnitten
30 ml Olivenöl, nativ extra
1 TL Paprika, rosenscharf
Salz und Pfeffer

**Für das kleine Schlossgeheimnis:**
10 g Kokosöl
400 g Schweinefilet, in 3–4 cm starke Medaillons geschnitten, mit Salz und Pfeffer gewürzt
85 g rote Zwiebel, gewürfelt
15 g Tomatenmark, einfach konzentriert (andere Konzentration, Menge anpassen)
500 g braune Champignons, blättrig geschnitten
10 ml Sojasoße, dunkel
150 ml Wasser
100 g Frischkäse
125 g Camembert, 45 % Fett, in dünne Scheiben geschnitten

Den Backofen auf 175 Grad Umluft vorheizen.

Die Pommes aus Petersilienwurzel mit dem Olivenöl beträufeln und würzen. In eine Ofenform geben und für 25 Minuten in den Ofen stellen.

In einem Topf das Kokosöl erwärmen und die Schweinefiletmedaillons von beiden Seiten jeweils 2–3 Minuten scharf anbraten. Dann die Fleischstücke in eine Auflaufform legen. Im Bratfett die Zwiebeln glasig dünsten. Nun das Tomatenmark hinzufügen und kurz anschwitzen.

Als Nächstes die Champignons dazugeben und alles gut mischen. Mit der Sojasoße und dem Wasser ablöschen. Für 5 Minuten offen köcheln lassen. Dann den Frischkäse unterrühren und mit Salz und Pfeffer abschmecken.

Die cremigen Champignons in die Auflaufform auf das Fleisch geben. Dann mit dem Camembert belegen.

Nun die Auflaufform für 15 Minuten zu den Petersilienwurzel-Pommes in den Ofen stellen. Anschließend gemeinsam servieren.

**Nährwerte pro Portion/Person:**
Kalorien: 494, Fett: 26,6 g, Kohlenhydrate: 21,7 g, Eiweiß: 42,4 g

*Ein beliebtes Gericht aus den 90er Jahren ...*

# Puten-Kokos-Nuggets mit Erdnuss-Soße und Bratkohl

4 Portionen

**Für die Nuggets:**
400 g Putenbrust, in größere Gulaschstücke geschnitten
25 g Kokosmehl
2 Eier, Größe M, verquirlt und mit Salz und Pfeffer gewürzt
40 g Kokosraspel
Salz und Pfeffer

**Für die Erdnuss-Soße:**
5 g Kokosöl
1 TL rote Currypaste
200 ml Kokosmilch
50 g Erdnussmus
etwas Wasser
Salz und Pfeffer

**Für den Bratkohl:**
10 g Kokosöl
1 TL rote Currypaste
1,2 kg Spitzkohl, in mundgerechte Streifen geschnitten
Salz und Pfeffer

Den Backofen auf 175 Grad Umluft vorheizen.

Die Putenfleischstücke mit Salz und Pfeffer würzen und im Kokosmehl wälzen. Dann im Ei wenden und mit Kokosraspeln überziehen. In eine ofentaugliche Form geben und je nach Größe für insgesamt 25–30 Minuten in den Ofen stellen.

Nach 20 Minuten Backzeit der Nuggets auf dem Herd einen kleinen Topf mit etwas Kokosöl erhitzen und einen Teelöffel rote Currypaste anschwitzen. Dann die Kokosmilch zugeben und erwärmen. Nun das Erdnuss-Mus zufügen und gut verrühren. Mit etwas Wasser in die gewünschte cremige Konsistenz bringen. Mit Salz und Pfeffer abschmecken und warm stellen.

In einem weiteren größeren Topf das Kokosöl erhitzen und darin einen Teelöffel rote Currypaste anschwitzen. Den Spitzkohl hinzufügen und unter Rühren bissfest braten. Mit etwas Salz und Pfeffer abschmecken.

Das Fleisch aus dem Ofen holen und mit dem Gemüse und der Soße anrichten.

**Nährwerte pro Portion/Person:**
Kalorien: 522, Fett: 31,3 g, Kohlenhydrate: 12,4 g, Eiweiß: 42,0 g

*Erdnuss-Soße ist beim Asiaten immer eine meiner absoluten Lieblingssoßen ...*

# Spargel mit Metaxa-Käsesoße und Schinken

Spargel satt …

**2 Portionen**

15 ml Olivenöl, nativ extra
900 g weißer Spargel, geschält, in mundgerechte Stücke geschnitten
50 ml Metaxa
100 g Sahne
100 ml Gemüsebrühe
50 g Manchego, gerieben
¼ TL Johannisbrotkernmehl, zur Bindung
150 g gekochter Schinken, in Scheiben, in Streifen geschnitten
Salz und schwarzer Pfeffer

In einem Topf das Olivenöl erhitzen und den Spargel anbraten. Für 8–10 Minuten braten (je nach Dicke der Spargelstangen) und dabei immer wieder kurz den Deckel schließen. Wenn der Spargel halbgar ist, dann mit dem Metaxa ablöschen und 2–3 Minuten kochen lassen. Anschließend die Sahne und die Gemüsebrühe zufügen und kurz aufkochen lassen. Den Manchego-Käse in der Soße schmelzen lassen. Das Johannisbrotkernmehl mit Hilfe eines Küchensiebs mit dem Schneebesen direkt einrühren. Den Schinken in der Soße warmziehen lassen und noch final mit Salz und Pfeffer abschmecken.

**Nährwerte pro Portion/Person:**
Kalorien: 508, Fett: 32,7 g, Kohlenhydrate: 13,4 g, Eiweiß: 25,4 g

# Blumisotto mit Pilzen und Hähnchen

**4 Portionen**

25 g getrocknete Steinpilze
100 ml heißes Wasser
1 EL Bio-Hühnerbrühepulver
15 ml Olivenöl, nativ extra
500 g Hähnchenbrustfilet, in mundgerechte Stücke geschnitten
85 g Zwiebel, gewürfelt
1 Zehe Knoblauch, fein gehackt
950 g Blumenkohl, grob geraspelt
400 g gemischte Pilze kleingeschnitten
200 g Schmand, 20 % Fett
100 g Parmesan, fein gerieben
¼ TL Johannisbrotkernmehl
100 g Frühlingszwiebeln, in feine Ringe geschnitten
Salz und Pfeffer

Die getrockneten Steinpilze in einer Tasse mit dem heißen Wasser übergießen und einige Minuten weich werden lassen. Die weichen Pilze in eine andere Tasse geben und den Sud dann durch ein Teesieb zu den bereits rausgefischten Steinpilzen gießen. Sand und Schmutz bleibt so im Sieb zurück. In den warmen Pilzsud mit den Steinpilzen die Instant-Hühnerbrühe rühren. Auf die kleine Menge ist das dann total überwürzt und versalzen. Das soll so sein! In einem größeren Topf das Olivenöl erhitzen und die Hähnchenbruststücke anbraten. Wenn die Hähnchenbrust Farbe bekommen hat, die Zwiebelwürfel und etwas später den Knoblauch hinzugeben und für 1–2 Minuten dünsten. Jetzt den geraspelten Blumenkohl und die kleingeschnittenen frischen Pilze hinzufügen und auch kurz anschwitzen. Anschließend den gewürzten Pilzsud mit den Steinpilzen untermischen und unter gelegentlichem Rühren 10 Minuten ohne Deckel leicht köcheln lassen. Nun den Schmand unterrühren und dann den Parmesan im warmen Gericht schmelzen lassen. Zur Bindung das Johannisbrotkernmehl mit einem Schneebesen an einer freien Stelle des Topfes einrühren und dann im Gericht verteilen. Als letzten Schritt die Frühlingszwiebelringe unterrühren und alles 1 Minute ziehen lassen. Mit Salz und Pfeffer abschmecken.

**Nährwerte pro Portion/Person:**
Kalorien: 498, Fett: 24,9 g, Kohlenhydrate: 14,1 g, Eiweiß: 49,5 g

# Gemüse vom Blech mit scharfem Hack und Burgersoße

3 Portionen

**Für das Gemüse vom Blech:**
500 g Kohlrabi, in Stücke geschnitten
250 g Petersilienwurzel, in Stücke geschnitten
250 g Karotte, in Sticks geschnitten
15 ml Olivenöl, nativ extra
1 TL Paprika, rosenscharf
1 TL Curry
Salz und Pfeffer

**Für die scharfe Hackmischung:**
15 ml Olivenöl, nativ extra
300 g mageres Rinderhack, gemischt
75 g rote Zwiebel, gehackt
1–2 TL rote Currypaste (nach gewünschter Schärfe zufügen)
2 TL Oregano, getrocknet
75 g Ziegenfrischkäse
Salz und Pfeffer

**Für die schnelle Burgersoße:**
75 g Gewürzgurken, gewürfelt
100 g Ketchup, zuckerfrei
50 g Delikatess-Mayonnaise, gerne selbst gemacht (Rezept Seite 189)
2 TL Senf, mittelscharf

75 g Cheddar, herzhaft, gerieben zum Überbacken

Den Backofen auf 175 Grad Umluft vorheizen.

Was dabei rauskommt, wenn ich den Kühlschrank aufräume …

Das Gemüse mit einem Esslöffel Olivenöl und dem Paprika- und Currypulver mischen. Mit Salz und Pfeffer würzen. Auf einem mit Backpapier belegten Blech ausbreiten und für 25 Minuten backen.

In einem Topf einen Esslöffel Olivenöl erhitzen und das Rinderhack krümelig braten. Dann die Zwiebelwürfel hinzufügen und diese für 3–4 Minuten mit dem Hackfleisch weich braten. Die Currypaste hinzufügen und gut verteilen. Dann den getrockneten Oregano und den Ziegenfrischkäse untermischen. Mit Salz und Pfeffer abschmecken.

Wenn das Gemüse soweit ist, dann das Gemüse etwas in die Mitte des Bleches schieben, ruhig übereinander, sodass noch etwa das halbe Blech bedeckt ist. Nun das würzige Hackfleisch darüber verteilen und noch mit dem Cheddar bestreuen. Für 10 Minuten zurück in den Ofen damit zum Überbacken.

Die Zutaten für die Burgersoße anrühren und gemeinsam mit dem überbackenen Gemüse servieren.

**Nährwerte pro Portion/Person:**
Kalorien: 654, Fett: 43,9 g,
Kohlenhydrate: 24,5 g,
Eiweiß: 36,9 g

# Zucchini-Nudeln (Zudeln) mit Champignons Elsässer Art

3 Portionen

**Für die Champignons Elsässer Art:**
500 g große braune Champignons (nur die Köpfe, ohne Stiel)
200 g Schmand, 20 % Fett
125 g Schinkenspeck, in kleine Würfel geschnitten
75 g rote Zwiebel, gewürfelt
100 g Gruyère-Käse, gerieben
75 g Frühlingszwiebeln, in feine Ringe geschnitten
Salz und Pfeffer

**Für die Zucchini-Nudeln:**
1,2 kg Zucchini, in Spaghetti-Form bringen
15 ml Olivenöl, nativ extra
25 g weiche Butter, vorweg mit Salz, Pfeffer, Cayennepfeffer, TK-Kräutern und 1 gepressten Knoblauchzehe gemischt

Den Backofen auf 180 Grad Umluft vorheizen.

Die Champignons mit dem Loch nach oben in eine Auflaufform setzen. Den Schmand mit den Schinkenwürfeln, den Zwiebelwürfeln, 2/3 des Gruyères und den Frühlingszwiebelringen in einer Schüssel mischen. Mit Salz und Pfeffer kräftig würzen. Mit einem Teelöffel die Masse auf den einzelnen Champignons portionsweise verteilen und den Rest Käse darüber streuen. Die Champignons können dann in den Ofen für ca. 15-20 Minuten.

Die Zucchini-Nudeln in einem Topf mit Olivenöl anbraten und einige Minuten unter gelegentlichem Rühren bissfest werden lassen. Wenn sich etwas Flüssigkeit gesammelt hat im Topf,

# Wer braucht da noch Flammkuchen?

dann die Zucchini-Nudeln kurz in einem Sieb abgießen und abgetropft zurück in den Topf geben. Die selbst gemachte Kräuterbutter darüber geben und untermischen.

Die Zucchini-Nudeln mit den gratinierten Champignons auf einem Teller anrichten.

**Nährwerte pro Portion/Person:**
Kalorien: 581, Fett: 43,7 g, Kohlenhydrate: 16,8 g, Eiweiß: 32,0 g

# Gemüse-Hähnchen-Frikassee mit Butter-Blumenkohlreis

Ein Favorit aus Kindheitstagen …

**5 Portionen**

**Für das Frikassee:**
2 Hähnchenkeulen
2 Hähnchenbrüste á 150 g
750 ml Gemüsebrühe
15 g Kokosöl
50 g Zwiebel, in Würfel geschnitten
250 g Kohlrabi, in 1 cm große Würfel geschnitten
150 g Karotte, gewürfelt
150 g Lauch, in Ringe geschnitten
200 g braune Champignons, geviertelt
100 g TK-Erbsen
150 ml Sahne
75 g Cheddar, herzhaft, gerieben
1 TL Curry
¼ TL Muskatnuss, frisch gemahlen
½ TL Johannisbrotkernmehl
Salz und Pfeffer

**Für den Butter-Blumenkohlreis:**
1,2 kg Blumenkohl, grob geraspelt
50 g Butter
Salz und Pfeffer

Den Backofen auf 175 Grad Umluft vorheizen.

Die Hähnchenkeulen und die Hähnchenbrüste nebeneinander in einen Topf legen. Mit der Gemüsebrühe auffüllen und für 45 Minuten kochen lassen. Das Fleisch abkühlen lassen und dann die Keulen ausbeinen und dann gemeinsam mit dem gekochten Brustfilet kleinschneiden. Die Brühe aufbewahren.

Die Blumenkohlraspel in eine Ofenform geben und für 20 Minuten in den Ofen stellen. Zwischendurch 2-mal durchmischen. Anschließend die Butter in den heißen Blumenkohlraspeln schmelzen lassen und den Blumenkohlreis mit Salz und Pfeffer würzen. Im warmen Backofen warten lassen, bis das Frikassee soweit ist.

Für das Frikassee das Kokosöl in einem größeren Topf erhitzen. Die Zwiebelwürfel glasig dünsten und dann das komplette Gemüse hinzufügen. Für 2–3 Minuten braten und anschließend mit 500 ml der übrig behaltenen Hähnchen-Gemüsebrühe auffüllen. Für 7–8 Minuten köcheln lassen. Zum Schluss die Sahne, den Cheddar, das Currypulver und die frisch geriebene Muskatnuss unterrühren. Nun das Fleisch in der Soße warmziehen lassen und das Johannisbrotkernmehl über ein kleines Küchensieb direkt mit dem Schneebesen einrühren. Mit Salz und Pfeffer abschmecken. Gemeinsam mit dem buttrigen Blumenkohlreis aus dem Ofen servieren.

**Nährwerte pro Portion/Person:**
Kalorien: 527, Fett: 33,8 g, Kohlenhydrate: 15,5 g, Eiweiß: 40,5 g

# Kokos-Curry-Chinakohl-Lasagne

**4 Portionen**

Das ist wieder sowas von Crossover ...

500 g geschälte Tomaten, aus der Dose
100 g TK-Mango, ungezuckert, aufgetaut
15 g Kokosöl
85 g Zwiebeln, fein gehackt
50 g gelbe Currypaste
500 g Putenhackfleisch
50 g Kokosmus
1,2 kg Chinakohl, von unten ein Stück abgeschnitten, in einzelne Blätter zerteilt
50 g Kokosflakes/Kokoschips
Salz und Pfeffer

Den Backofen auf 175 Grad Umluft vorheizen.

Zur Vorbereitung die geschälten Tomaten und die Mangostücke gemeinsam im Mixer zerkleinern oder pürieren. Für die Bolognese in einem Topf das Kokosöl erhitzen. Die Zwiebelwürfel glasig dünsten und die Currypaste kurz mit anschwitzen. Anschließend das Hackfleisch hinzufügen und krümelig braten. Dann die zerkleinerte Tomaten-Mango-Mischung zufügen und alles gemeinsam für 15 Minuten kochen lassen. Zum Schluss noch das Kokosmus unterrühren und die Kokos-Curry-Bolognese mit Salz und Pfeffer abschmecken.

In eine Auflaufform ein wenig von der Soße geben und die Chinakohlblätter mit der Soße abwechselnd schichten. Der dicke Teil der Blätter sollten immer außen am Rand liegen. Am Ende soll ein wenig von der Bolognese-Soße oben sein. Für 25 Minuten im Ofen backen. Wer nicht so gerne angekokelte Kohlblätter mag, deckt die Auflaufform besser mit Folie ab. Mich stört das aber nicht, ich mag das Röstaroma. Nun die Kokosflakes über der Lasagne verteilen und zurück in den Ofen damit für weitere 10 Minuten.

**Nährwerte pro Portion/Person:**
Kalorien: 516, Fett: 34,7 g, Kohlenhydrate: 14,9 g, Eiweiß: 29,1 g

# Fischers Fritz fischt frische Fische

Kein Angst, jetzt kommt nicht nur der bekannte Zungenbrecher, sondern Gaumenfreuden aus Fluss und Meer stehen auf dem Speiseplan. 15 tolle Rezepte mit Fisch und Co, die bunte Abwechslung auf den Tisch bringen. Denken Sie stets daran, gute Omega 3-Fette braucht das Gehirn, dann klappt es auch mit Fischers Fritz fast wie im Schlaf.

Und los gehts:
Fischers Fritz fischt frische Fische, frische Fische fischt Fischers Fritz. Fischers Fritz fischt frische Fische, frische Fische fischt Fischers Fritz. Fischers Fritz fischt frische Fische, frische Fische fischt Fischers Fritz. Fischers Fritz fischt frische Fische, frische Fische fischt Fischers Fritz. Fischers Fritz fischt frische Fische, frische Fische fischt Fischers Fritz.

# Tomaten-Knoblauch-Garnelen mit Zucchini-Nudeln

Wer kein Gemüse isst, bleibt hier hungrig …

**2 Portionen**

750 g Zucchini, in Spaghetti geschnitten
50 g rote Zwiebel, gehackt
30 ml Olivenöl, nativ extra
4 Zehen Knoblauch, fein gewürfelt
100 g Staudensellerie, geputzt und gewürfelt
400 g geschälte Tomaten, aus der Dose
200 g Kirschtomaten, halbiert
1 TL Erythrit
2 TL Kräuter der Provence, getrocknet
300 g Garnelen, roh und bereits geschält
100 g Avocado, das Fruchtfleisch gewürfelt
Salz und Pfeffer

Für die Tomatensoße einen Topf erwärmen und die Zwiebelwürfel in etwas Olivenöl glasig andünsten. Als nächstes den Knoblauch und die Staudenselleriewürfel für 1–2 Minuten mitbraten. Anschließend die geschälten Tomaten, die Kirschtomaten und das Erythrit untermischen und alles ohne Deckel 15 Minuten kochen lassen. Die getrockneten Kräuter der Provence hinzufügen und mit Salz und Pfeffer würzen. Den Topf mit der Tomatensoße kurz zur Seite stellen und auf der heißen Herdplatte in einer Pfanne die Garnelen in etwas Olivenöl 2–3 Minuten braten. Mit Salz und Pfeffer würzen. Dann die Garnelen und die vorbereiteten Avocadowürfel in die Tomatensoße geben und untermischen.

In einem weiteren größeren Topf den Rest vom Olivenöl erhitzen und die Zucchini-Spaghetti einige Minuten bissfest braten. Gemeinsam mit den Tomaten-Knoblauch-Garnelen anrichten.

**Nährwerte pro Portion/Person:**
Kalorien: 490, Fett: 28,9 g, Kohlenhydrate: 21,7 g, Eiweiß: 34,8 g

# Geröstete Rote Bete mit Lachs und zickiger Frischkäsecreme

Ein perfektes Essen für ein romantisches Dinner ...

**2 Portionen**

500 g Rote Bete, in Wedges geschnitten
10 ml Olivenöl, nativ extra
Salz und Pfeffer

**Für die Frischkäsecreme:**
75 g Ziegenfrischkäse
50 g Griechischer Joghurt, 10 % Fett
1 TL Senf, mittelscharf
1 TL heller Balsamico-Essig
1 TL Erythrit
1 TL Dill, TK oder frisch
Salz und Pfeffer

10 g Kokosöl
2 Lachsfilets á 125 g, mit Salz und Pfeffer gewürzt

10 g Pinienkerne, ohne Fett in der Pfanne goldgelb geröstet, zum Bestreuen

Den Backofen auf 175 Grad Umluft vorheizen.

Die Rote-Bete-Wedges in eine Ofenform geben, mit dem Olivenöl mischen und mit Salz und Pfeffer würzen. Dann für 40–45 Minuten in den Backofen stellen. Die Zutaten für die Frischkäsecreme mit einem Schneebesen verrühren und mit Salz und Pfeffer abschmecken. Eine ofentaugliche Pfanne mit dem Kokosöl erhitzen. Die Lachsfilets in die Pfanne geben und von beiden Seiten je 2–3 Minuten braten lassen. Anschließend die Pfanne für etwa 10 Minuten mit in den Ofen zur Roten Bete stellen. Die Rote-Bete-Wedges mit dem Lachsfilet und der zickigen Frischkäsecreme anrichten. Mit den gerösteten Pinienkerne bestreuen.

**Nährwerte pro Portion/Person:**
Kalorien: 602, Fett: 40,6 g, Kohlenhydrate: 23,8 g, Eiweiß: 34,6 g

# Low-Carb-Jambalaya

**4 Portionen**

30 ml Olivenöl, nativ extra
150 g rote Zwiebel, gehackt
3 Knoblauchzehen, fein gehackt
1 rote (Jalapeno)-Chilischote, fein gehackt
400 g Paprika (rot/grün/gelb), klein gewürfelt
150 g Staudensellerie, die Fasern entfernt und in Würfel geschnitten
50 g Tomatenmark, doppelt konzentriert (andere Konzentration, Menge anpassen)
850 g Blumenkohl, grob geraspelt
2 TL Thymian, getrocknet
2 TL Paprikapulver, rosenscharf
2 TL Gemüsebrühe, als Pulver
2 Lorbeerblätter, getrocknet
50 ml Orangensaft, frisch gepresst
250 g Hähnchenbrust, in Streifen geschnitten
200 g Garnelen, roh und bereits geschält
200 g Zigeunerwürstchen, bzw. geräucherte Wurst nach Wahl, in Scheiben geschnitten
Salz und Pfeffer

In einem großen Topf einen Esslöffel Olivenöl erhitzen und die Zwiebelwürfel für einige Minuten glasig dünsten. Dann den Knoblauch und die kleingeschnittene Chilischote hinzufügen und 1 Minute braten. Anschließend die Paprikawürfel und den Staudensellerie zufügen. Kurz anschwitzen und nun das Tomatenmark sorgfältig untermischen. Als nächstes den geraspelten Blumenkohl hinzufügen. Nun noch Thymian, Paprikapulver, Gemüsebrühepulver, Lorbeerblätter und den Orangensaft dazu geben. Alles mischen und gemeinsam für 8–10 Minuten unter gelegentlichem Rühren braten.

Während das Gemüse im Topf ist, in einer separaten Pfanne etwas Olivenöl erhitzen und die Hähnchenstreifen, Garnelen und die Wurstscheiben getrennt voneinander braten und jeweils aus der Pfanne nehmen. Die gebratenen Bestandteile (außer der Wurst) mit Salz und Pfeffer würzen.

Nicht ohne die 3 heiligen Zutaten der Cajun-Küche …

Wenn das Gemüse im großen Topf bissfest ist, dann die Lorbeerblätter entfernen und die in der Pfanne gebratenen Zutaten unterheben. Abschließend mit Salz und Pfeffer abschmecken.

**Nährwerte pro Portion/Person:**
Kalorien: 458, Fett: 20,8 g, Kohlenhydrate: 19,5 g, Eiweiß: 39,9 g

# Thunfisch-Mangoldpäckchen mit Tomatensoße

4 Portionen

**Für die Thunfisch-Mangold-Päckchen:**
2 Bund Mangold, die Stiele größtenteils abgeschnitten
50 g rote Zwiebel, fein gewürfelt
2 Dosen Thunfisch, in Lake (je 150g Abtropfgewicht)
250 g Ricotta (italienischer Frischkäse)
75 g Parmesan, gerieben
Salz und Pfeffer

**Für die Tomatensoße:**
15 ml Olivenöl, nativ extra
50 g rote Zwiebel, fein gewürfelt
1 Knoblauchzehe, fein gehackt
500 g geschälte Tomaten, aus der Dose, grob zerkleinert
1 TL Erythrit
2 TL Oregano, getrocknet
Salz und Pfeffer

**Zum Überbacken:**
100 g Taleggio (italienischer Weichkäse), in kleine Stücke geschnitten

Den Backofen auf 175 Grad Umluft vorheizen.

Die Mangoldblätter in etwas Wasser für 5 Minuten vorkochen, abschütten und kalt abschrecken.

In einem Topf, einen Esslöffel Olivenöl erhitzen und die 100 g Zwiebelwürfel glasig andünsten. Die Hälfte der Zwiebelstücke aus dem Topf rausnehmen. Zu den verbleibenden Zwiebelstücken im Topf den gehackten Knoblauch hinzufügen und ebenfalls kurz anschwitzen. Anschließend die geschälten Tomaten hinzugeben und die angehende Tomatensoße mit Salz und

*Aromatischer Mangold eignet sich hervorragend zum Füllen …*

Pfeffer, Erythrit und dem Oregano würzen. Alles gemeinsam für 20 Minuten köcheln lassen.

Die andere Hälfte der glasig gebratenen Zwiebelwürfel mit dem Thunfisch, dem Ricotta und dem Parmesan vermischen. Mit Salz und Pfeffer abschmecken. Die Masse mit einem Esslöffel jeweils auf ein Blatt Mangold legen, das wie ein Päckchen gefaltet verschließen und so in eine Auflaufform legen.

Wenn alle Mangoldblätter und die Masse aufgebraucht sind, dann die Tomatensoße über den Mangoldpäckchen verteilen und darüber den kleingeschnittenen Taleggio geben. Nun für 25 Minuten in den Ofen stellen.

**Nährwerte pro Portion/Person:**
Kalorien: 457, Fett: 25,0 g, Kohlenhydrate: 11,5 g, Eiweiß: 42,0 g

# Lachs-Carbonara-Torte

**4 Portionen**

1,2 kg Steckrübe, in Spaghetti geschnitten
300 g Räucherlachs, in kleine Stücke geschnitten
200 ml Sahne
2 TL Senf, mittelscharf
2 Eier, Größe L
2 Eigelb, Größe L
10 g Butter zum Fetten der Form
Salz und Pfeffer

Unauffällig macht die Torte erst im Mund rabatz …

Den Backofen auf 180 Grad Umluft vorheizen.

Die Steckrübenspaghetti in gesalzenem Wasser für 5 Minuten bissfest garen. In einem Sieb abtropfen und abdampfen lassen.

Eine Springform mit 25–26 cm Durchmesser mit Butter einfetten. Den Rand und Boden mit Alufolie umwickeln. Dann kann im Ofen nichts rauslaufen. Den Boden der Springform mit den vorgekochten Steckrübennudeln bedecken und dann etwas von dem Räucherlachs verteilen. Dann wieder einige Steckrübenspaghetti und wieder Lachs. So die Springform füllen, bis diese voll ist. Immer wieder mal etwas rütteln und drücken, damit auch alles kompakt in der Kuchenform sitzt.

Die Sahne, Eier und Eigelbe und den Senf miteinander verquirlen. Kräftig mit Salz und Pfeffer abschmecken. Die Mischung über den Lachs-Steckrübenspaghetti verteilen. Mit Alufolie abdecken und für 40 Minuten in den Ofen stellen. Die Alufolie in den letzten 7–8 Minuten entfernen. Frischen Pfeffer darüber streuen und genießen.

**Nährwerte pro Portion/Person:**
Kalorien: 468, Fett: 33,3 g, Kohlenhydrate: 17,2 g, Eiweiß: 24,6 g

# Fisch im Paprikaboot mit Cheesy-Brokkoli

**3 Portionen**

600 g rote Paprika (3 große Exemplare), jeweils in 3–4 Schalen geschnitten
450 g Kabeljau, in Stücke geschnitten, die jeweils in ein Stück Paprika passen
500 g Brokkoli, grob geraspelt
100 g Cheddar, herzhaft, gerieben
50 g Macadamias, geröstet und gesalzen, mit dem Messer grob gehackt

Den Backofen auf 175 Grad Umluft vorheizen.

Die Fischfiletstücke salzen und pfeffern und roh in die vorbereiteten Paprikaschalen legen. Diese nebeneinander in eine Auflaufform geben. Den geraspelten Brokkoli mit dem Cheddar und den gehackten Macadamias mischen. Diese Mischung salzen und pfeffern und dann über den Fisch-Paprika verteilen. Nun für 25–30 Minuten in den Backofen stellen.

**Nährwerte pro Portion/Person:**
Kalorien: 510, Fett: 25,5 g, Kohlenhydrate: 18,6 g, Eiweiß: 44,6 g

Hatte ich schon mal erwähnt, dass Fisch gesund ist?

# Schlemmerfilet Spinaci mit gratiniertem Steckrüben-Kartoffelpüree

4 Portionen

**Für das Steckrüben-Kartoffelpüree:**
1 kg Steckrübe, geschält, in kleine Stücke geschnitten und in Wasser 15–20 Minuten weichgekocht
100 g TK-Blattspinat, aufgetaut und das Wasser ausgedrückt
2 Eier, Größe M, zu Rührei verquirlt und mit Salz und Pfeffer gewürzt
75 g Cheddar, herzhaft, grob gerieben
25 g Kartoffelfasern
1 MSP Muskatnuss, frisch gemahlen
Salz und Pfeffer

**Für das Schlemmerfilet:**
600 g weißes Fischfilet nach Wunsch (Kabeljau, Seelachs etc.)
200 g TK-Blattspinat, aufgetaut und das Wasser ausgedrückt
75 g Macadamias, geröstet, gesalzen, mit dem Messer grob gehackt
75 g Cheddar, herzhaft, grob gerieben

Den Backofen auf 175 Grad Umluft vorheizen.

Die weich gekochte Steckrübe mit einem Pürierstab cremig pürieren. Dann den Blattspinat untermischen. Nun das flüssige Rührei und den Cheddar hinzufügen. Abschließend die Kartoffelfasern unterheben und die Mischung mit Salz und Pfeffer sowie Muskatnuss abschmecken. Alles in eine Auflaufform geben und für 30 Minuten in den Ofen stellen.

Gemüse ist null langweilig …

Die Fischfilets in eine weitere Auflaufform legen. Von beiden Seiten mit Salz und Pfeffer würzen. Den Spinat, die gehackten Macadamias und den Cheddar mischen und dies dann über den Fischfilets verteilen. 12–14 Minuten vor dem Ende der Backzeit des Pürees die Auflaufform mit dem Fisch ebenfalls in den Ofen stellen. Die Dauer hängt von der Dicke der Fischfilets ab.

**Nährwerte pro Portion/Person:**
Kalorien: 543, Fett: 30,5 g, Kohlenhydrate: 15,2 g, Eiweiß: 45,4 g

# Gebratener grüner Spargel mit Lachs und Hollandaise

4 Portionen

**Für die Hollandaise:**
3 Eigelbe, Größe M
10 ml heller-Balsamico-Essig
175 g Butter
25 g Frischkäse
Salz und Pfeffer

**Für den gebratenen Spargel:**
25 g Butter
15 ml Olivenöl, nativ extra
1500 g grüner Spargel, die Enden abgeschnitten und die unteren Hälften dünn geschält (optional, denn grüner Spargel muss nicht zwingend geschält werden)

**Für die Lachsfilets:**
15 ml Olivenöl, nativ extra
500 g Lachsfilets, ohne Haut

Die Zutaten für die Hollandaise auf Zimmertemperatur bringen. Also mindestens 2 Stunden früher aus dem Kühlschrank nehmen. Die Eigelbe, den Essig und etwas Salz in einen hohen Behälter geben und mit dem Pürierstab pürieren. Die Butter bei milder Temperatur schmelzen lassen. Achtung, die Butter darf nicht zu heiß werden, sonst gerinnt dann das Ei. Die lauwarme flüssige Butter ganz langsam in die Eigelb-Mischung gießen und dabei immer schön den Pürierstab laufen lassen. Mit Salz und Pfeffer abschmecken. Zum Schluss noch den Frischkäse unterrühren und dann die Hollandaise ganz vorsichtig wieder verzehrbereit erwärmen.

2 große Pfannen erwärmen. In die eine Pfanne die Butter mit dem Olivenöl geben und den grünen Spargel darin für 7–8 Minuten braten. Immer wieder wenden dabei. In der anderen

Frohe Ostern!
An Festtagen sind die Kalorien zweitrangig …

Pfanne Olivenöl erhitzen und darin die Lachsfilets für 10–12 Minuten braten. Sowohl Spargel als auch den Lachs in der Pfanne mit Salz und Pfeffer würzen.

Anschließend den gebratenen Spargel mit dem Lachs anrichten und die Hollandaise darüber verteilen.

**Nährwerte pro Portion/Person:**
Kalorien: 853, Fett: 74,9 g, Kohlenhydrate: 8,6 g, Eiweiß: 35,7 g

# Lachs-Ravioli auf Parmesan-Spinat-Creme

4 Portionen

**Für den Ravioli-Teig:**
250 g Mozzarella, 45 % Fett, kleingeschnitten
4 Eigelb
50 g Eiweißpulver, Natural
20 g Flohsamenschalen
½ TL Kurkuma
1 TL Salz
20 g Butter, geschmolzen, zum Bepinseln der Ravioli
Eiweißpulver, Natural, zum Ausrollen

Für die Ravioli den kleingeschnittenen Mozzarella gemeinsam mit den Eigelben pürieren. In diese Masse die trockenen Zutaten unterrühren. Den Teig für etwa 10 Minuten quellen lassen. Dann mit Eiweißpulver bemehlen und mit Hilfe von Frischhaltefolie oder zwischen Backpapier ganz dünn ausrollen. Bei Bedarf immer wieder etwas mit Eiweißpulver einpudern, damit der Teig nicht klebt. Wenn die Dicke nur noch 1 mm ist, dann mit dem Ravioliausstecher oder einem Glas die runden Kreise ausstechen. Der Nudelteig klappt auch mit der Nudelmaschine, nur auch da dann immer zwischendurch mit Eiweißpulver bestäuben.

**Für die Füllung der Ravioli:**
250 g TK-Lachs, leicht angetaut in Würfel geschnitten
60 g Frischkäse
1 TL heller Balsamico-Essig
Salz und Pfeffer

Den halbgefrorenen Lachs mit dem Frischkäse und dem Essig in den Mixer geben und fein pürieren. Mit Salz und Pfeffer abschmecken. Je 1 TL von der Lachsfarce in die runden Nudelkreise geben und zuklappen. Entweder mit einer Ravioliform arbeiten, die nur zugeklappt wird, oder mit einer Gabel die Ränder zusammendrücken. Einen Topf mit Salzwasser zum Kochen bringen. Die Temperatur reduzieren und die Ravioli in dem heißen Wasser 10 Minuten ziehen lassen. Zwischendurch die Ravioli wenden. Dann die Ravioli aus dem Wasser nehmen und in ein Sieb legen. Einige Minuten abdampfen lassen und dann zum Anrichten mit Butter bepinseln.

**Für die Parmesan-Spinat-Creme:**
15 ml Olivenöl, nativ extra
50 g Zwiebel, fein gehackt
400 g TK-Spinat, jung, gehackt
400 g TK-Blattspinat
100 g Frischkäse
50 g Parmesan, fein gerieben
1 MSP Muskatnuss, frisch gemahlen
Salz und Pfeffer

Einen Topf erhitzen und die Zwiebelwürfel im Olivenöl glasig dünsten. Den Spinat hinzufügen und im Topf auftauen lassen. Anschließend noch den Frischkäse unterrühren und den Parmesan schmelzen lassen. Mit Muskatnuss, Salz und Pfeffer abschmecken.

Anschließend den cremigen Spinat mit den Lachs-Ravioli servieren.

**Nährwerte pro Portion/Person:**
Kalorien: 627, Fett: 43,5 g, Kohlenhydrate: 4,2 g, Eiweiß: 47,1 g

*Etwas Aufwand, aber der lohnt sich ...*

# Rübi-Goreng mit Flusskrebs-Curry

3 Portionen

**Für das Flußkrebs-Curry:**
10 g Kokosöl
30 g gelbe Currypaste
150 g rote Paprika, in kleine Würfel geschnitten
50 g TK-Mango, ungezuckert, aufgetaut, in kleine Stücke geschnitten
250 ml Kokosmilch
300 g Flusskrebsfleisch, in Lake
Salz und Pfeffer

**Für das Rübi-Goreng:**
15 g Kokosöl
800 g Steckrübe, zu Spaghetti geschnitten
75 g Frühlingszwiebeln, in Ringe geschnitten
2 TL Curry
Salz und Pfeffer

In einem Topf etwas Kokosöl erhitzen und die gelbe Currypaste anbraten. Die Paprikawürfel und die Mangostücke hinzufügen. Dann mit der Kokosmilch ablöschen und 10 Minuten köcheln lassen. Am Ende das Flusskrebsfleisch hinzufügen und warmziehen lassen. Mit Salz und Pfeffer abschmecken.

Während die Currysoße köchelt, in einem weiteren Topf Kokosöl erhitzen. Die Steckrübenspaghetti anbraten, bis diese bissfest sind. Das dauert etwa 8–10 Minuten. Mit Salz und Pfeffer würzen und das Currypulver untermischen. Zum Schluss noch die Frühlingszwiebel unterrühren und dann mit dem Flusskrebs-Curry anrichten.

**Nährwerte pro Portion/Person:**
Kalorien: 456, Fett: 26,6 g, Kohlenhydrate: 25,1 g, Eiweiß: 24,1 g

Die Steckrübe macht einfach jeden Spaß mit …

# Lauch-Champignon-Blumisotto mit Fisch im Speckmantel

Weißer Fisch wird schnell trocken. Aber nicht, wenn Bacon drum herum gewickelt ist …

**4 Portionen**

**Für den Fisch im Speckmantel:**
600 g dicke Kabeljau-Loins
100 g Bacon, in dünne Scheiben geschnitten
Salz und Pfeffer

**Für das Lauch-Champignon-Blumisotto:**
15 ml Olivenöl, nativ extra
75 g Zwiebel, fein gehackt
950 g Blumenkohl, grob geraspelt
250 g Lauch, in 0,5 cm breite Ringe geschnitten
2 TL Gemüsebrühe, als Pulver
2 TL Thymian, getrocknet
250 g Champignons, blättrig geschnitten
40 g Mandelmus, hell

Den Backofen auf 175 Grad Umluft vorheizen.

Den Kabeljau mit Salz und Pfeffer würzen und mit dem Bacon umwickeln. Den umwickelten Fisch in eine kleine Ofenform legen und für etwa 15–18 Minuten in den Ofen stellen. In einem ofengeeigneten Topf das Olivenöl erhitzen und die Zwiebelwürfel glasig dünsten. Dann den geraspelten Blumenkohl und die Lauchringe hinzufügen und für 4–5 Minuten braten. Das Gemüsebrühepulver, den Thymian und die Champignons untermischen und alles gemeinsam für weitere 3-4 Minuten braten. Anschließend noch das Mandelmus unterrühren. Den Fisch aus dem Ofen nehmen und auf einen vorgewärmten – einfach kurz vorher mit in den Ofen stellen – Teller legen und den Bratsud aus der Fisch-Ofenform noch unter das Blumisotto mischen. Nun noch das Blumisotto mit Salz und Pfeffer abschmecken und dann gemeinsam mit dem Fisch im Speckmantel anrichten.

**Nährwerte pro Portion/Person:**
Kalorien: 382, Fett: 17,0 g, Kohlenhydrate: 10,7 g, Eiweiß: 41,6 g

# Lachs in pikanter Gemüse-Tomatensoße mit Blumenkohlreis

4 Portionen

**Für den Lachs in Gemüse-Tomatensoße:**
15 ml Olivenöl, nativ extra
75 g Zwiebel, fein gewürfelt
1 Knoblauchzehe, fein gehackt
150 g Karotten, in kleine Würfel geschnitten
250 g Lauch, in 0,5 cm breite Ringe geschnitten
700 g Fleischtomaten, in Würfel geschnitten
50 g Tomatenmark, einfach konzentriert (andere Konzentration, Menge anpassen)
75 g Frischkäse
1–2 TL Sambal Oelek (nach gewünschter Schärfe)
1 TL Erythrit
Salz und Pfeffer
500 g Lachsfilets, in mundgerechte Stücke geschnitten, mit Salz und Pfeffer gewürzt

**Für den Blumenkohlreis:**
10 ml Olivenöl, nativ extra
15 g Butter
75 g Zwiebel, in feine Würfel geschnitten
850 g Blumenkohl, grob geraspelt
2 EL gemischte Kräuter, gehackt, frisch oder TK
Salz und Pfeffer

In einem größeren Topf die Zwiebelwürfel für die Soße in einem Esslöffel Olivenöl glasig dünsten. Knoblauch, Karottenwürfel und Lauchringe zufügen. Alles kurz anbraten. Dann die Tomatenwürfel und das Tomatenmark zugeben und alles geschlossen für 20 Minuten kochen lassen. Jetzt noch den Frischkäse und das Sambal Oelek unterheben und mit dem Erythrit, Salz und Pfeffer abschmecken. Zum Schluss noch die Lachsstücke auf der Soße verteilen, vorsichtig unterheben und den Deckel schließen. Den Fisch etwa 10 Minuten garziehen lassen.

## Als würde man den Körper mit Ultimate SuperPlus betanken …

Während die Gemüse-Tomatensoße kocht, in einem weiteren Topf die fein gewürfelte Zwiebel für den Blumenkohlreis im Olivenöl und der Butter glasig dünsten und anschließend die Blumenkohlraspel hinzugeben. Für 8–10 Minuten bissfest braten und dabei den Blumenkohlreis mit Salz und Pfeffer abschmecken. Zum Schluss noch die Kräuter unterheben und den Blumenkohlreis gemeinsam mit dem Lachs in der Gemüse-Tomatensoße anrichten.

**Nährwerte pro Portion/Person:**
Kalorien: 554, Fett: 35,0 g, Kohlenhydrate: 18,2 g, Eiweiß: 35,6 g

# Zucchini-Nudeln mit Lachs in Tomaten-Ricotta-Creme

3 Portionen

25 ml Olivenöl, nativ extra
40 g rote Zwiebel, gehackt
250 g Kirschtomaten, geviertelt
50 ml Tomatenketchup, zuckerfrei
2 TL Kräuter (Rosmarin, Thymian, Oregano etc.), getrocknet
250 g Ricotta (italienischer Frischkäse)
250 g Stremel-Lachs (heißgeräucherter Lachs), in kleine Stücke geschnitten
Salz und Pfeffer
900 g Zucchini, in Spaghetti geschnitten

30 g Parmesan, gerieben, zum Bestreuen

Einen Topf auf mittlere Hitze erwärmen und in 10 ml Olivenöl die Zwiebelwürfel glasig dünsten. Dann die Kirschtomaten hinzufügen und 2–3 Minuten braten. Anschließend den Ketchup, die getrockneten Kräuter und den Ricotta unterrühren und alles gemeinsam 7–8 Minuten köcheln lassen. Den Ricotta mit dem Schneebesen unterrühren, dann verbindet er sich besser mit der Soße. Nun den kleingeschnittenen Stremel-Lachs hinzufügen und warm werden lassen. Mit Salz und Pfeffer final abschmecken.

In einem weiteren Topf die Zucchini-Nudeln in 15 ml Olivenöl anbraten und 4–5 Minuten bissfest garen. Gemeinsam mit der Lachs-Creme servieren und noch mit dem Parmesan bestreuen.

**Nährwerte pro Portion/Person:**
Kalorien: 519, Fett: 32,6 g, Kohlenhydrate: 15,8 g, Eiweiß: 39,3 g

# Bratkohlrabi mit Garnelen und Paprika-Erdnusscreme

**4 Portionen**

1,2 kg Kohlrabi, in mundgerechte Stücke geschnitten
300 g rote Paprika, in kleine Stücke geschnitten
30 ml Olivenöl, nativ extra
250 ml Kokosmilch
50 g Ajvar, scharf
50 g Erdnussmus
15 g Butter
400 g Garnelen, roh und bereits geschält
15 g Kokosöl
Salz und Pfeffer

Die Kohlrabistücke in etwas Salzwasser für 8 Minuten vorkochen und in einem Sieb abschütten.

Die Paprikastücke für 2–3 Minuten in einem Topf in Olivenöl anbraten und dann mit der Kokosmilch ablöschen. Das Ajvar und das Erdnussmus hinzufügen und alles gut verrühren. Dann noch mit Salz und Pfeffer würzen.

Die Kohlrabiwürfel in einer Pfanne in Butter und Olivenöl für 3–4 Minuten braten. Mit Salz und Pfeffer würzen. Zum Schluss noch die Garnelen in einer weiteren Pfanne in Kokosöl für 2–3 Minuten braten und auch diese mit Salz und Pfeffer würzen. Den Bratkohlrabi mit der Soße und den Garnelen servieren.

**Nährwerte pro Portion/Person:**
Kalorien: 506, Fett: 33,6 g, Kohlenhydrate: 19,8 g, Eiweiß: 27,5 g

Pikant nussig, mit lecker gebratenem Kohlrabi ...

# Thunfisch-Karotten-Spinat-Waffeln mit Paprikacreme

4 Portionen

**Für die Paprikacreme:**
150 g Frischkäse
200 g Paprika, geröstet, aus dem Glas, in Essig und Öl eingelegt, klein gewürfelt

**Für die Thunfisch-Karotten-Spinat-Waffeln:**
270 g Thunfisch, in Lake, gut abgetropft
400 g Karotte, fein geraspelt
300 g TK-Blattspinat, augetaut, das Wasser ausgedrückt und mit einem Messer gehackt
50 g Zwiebel, fein gehackt
3 Eier, Größe M
15 g Flohsamenschalen
Paprika, rosenscharf
Salz und Pfeffer
15 ml Olivenöl, nativ extra, zum Fetten des Waffeleisens

Den Backofen auf 90 Grad Umluft vorheizen.

Den Frischkäse und die Paprika aus dem Glas gemeinsam pürieren und mit Salz und Pfeffer abschmecken.

Aus dem Thunfisch, den geraspelten Karotten, dem Spinat, den Zwiebelwürfeln und den Eiern einen Teig mischen. Dann noch die Flohsamenschalen unterrühren. Mit Paprikapulver, Salz und Pfeffer kräftig abschmecken.

Das Waffeleisen erhitzen, mit Olivenöl fetten und den Teig nach Gerätebeschreibung backen. Zwischendurch das Waffeleisen immer wieder fetten. Lieber etwas länger backen, damit der Teig auch durch ist. Die fertigen Waffeln auf einen Kuchenrost geben und zum Warmhalten in den Backofen stellen. So verfahren, bis der komplette Teig aufgebraucht ist. Die Menge ergibt 8 belgische Waffeln.

Die gemüsigen Thunfisch-Waffeln gemeinsam mit der Paprikacreme servieren.

Wer kein Waffeleisen besitzt, kann die Masse auch gut in der Pfanne wie einen herzhaften dicken Pfannkuchen braten.

**Nährwerte pro Portion/Person:**
Kalorien: 347, Fett: 18,6 g, Kohlenhydrate: 13,4 g, Eiweiß: 27,8 g

# Veggie macht happy. Da braucht es keinen gesetzlichen Veggie-Day

Mehr Veggie-Rezepte war der Wunsch nach dem ersten großen Kochbuch. Ausgerechnet von mir, wo ich doch eine bekennende fleischfressende Pflanze bin und dazu eine konsequente Tofuverweigerin. Aber meine Leser/innen liegen mir am Herzen, und der Wunsch war mir natürlich Befehl. Also wurde aufgestockt, und ich habe diesmal 20 leckere und sättigende Rezepte ganz ohne Fleisch ins neue Kochbuch gepackt. So langsam komme ich auf den fleischlosen Geschmack und freue mich insgeheim auch darüber. Warten wir also ab, was da noch draus wird. Veggie-Betti ist unterwegs!

# Belugalinsen-Aubergine mit Paprikacreme

Die Belugalinsen schmecken super und machen pappsatt …

**2 Portionen**

700 g Auberginen (2 Stück)
20 ml Olivenöl, nativ extra
50 g Ajvar, scharf
50 g Frischkäse
1 TL Erythrit
75 g Gouda, mittelalt, grob gerieben
80 g Belugalinsen, für 15–20 Minuten in Wasser bissfest gekocht, dann abgegossen
Salz und Pfeffer

Den Backofen auf 185 Grad Umluft vorheizen.

Die Auberginen längs halbieren und dann einmal in der Mitte einschneiden, bis kurz vorm Durchtrennen. Die Aubergine kann so aufgeklappt werden, und es entsteht eine Kerbe zum Füllen. Die Aubergine mit dem Olivenöl einpinseln und dann auf einem mit Backpapier belegten Blech für 25 Minuten in den Ofen schieben.

Das Ajvar mit dem Frischkäse vermischen. Dazu das Erythrit, Salz und Pfeffer und 40 g vom geriebenen Gouda geben. Unter diese würzige Mischung, vorsichtig die vorgekochten Belugalinsen heben. Wenn die Auberginen soweit sind, dann diese aus dem Ofen holen und die Linsenmischung in die Mitte der Auberginen füllen. Mit dem restlichen Käse bestreuen und dann erneut für 10 Minuten das Blech in den Ofen schieben.

**Nährwerte pro Portion/Person:**
Kalorien: 514, Fett: 30,0 g,
Kohlenhydrate: 28,2 g, Eiweiß: 25,6 g

# Gebratener Feta mit Spinat-Blumiraki

4 Portionen

**Für die Spinat-Blumenkohl-Kritharaki:**
15 ml Olivenöl, nativ extra, zum Braten
100 g rote Zwiebel, gewürfelt
10 g rote Currypaste
25 g Tomatenmark, einfach konzentriert (andere Konzentration, Menge anpassen)
950 g Blumenkohl, grob geraspelt
1 TL Gemüsebrühe, als Pulver
200 g rote Spitzpaprika, in Würfel geschnitten
200 g TK-Blattspinat aufgetaut, ausgedrückt und gehackt
200 g Kirschtomaten, geviertelt
40 g Ajvar, scharf
1 TL Erythrit
je 1 TL Thymian und Majoran, frisch oder getrocknet
Salz und Pfeffer

**Für den gebratenen Feta:**
600 g Feta, 9 % Fett, in 8 Stücke geschnitten
1 Ei, Größe M, verquirlt und mit Salz und Pfeffer gewürzt
25 g Flohsamenschalen
25 g Kokosöl

In einen heißen Topf das Olivenöl mit den Zwiebelwürfeln geben und diese glasig dünsten. Die rote Currypaste und das Tomatenmark hinzufügen und kurz anschwitzen. Die Blumenkohlraspel in den Topf geben und 5 Minuten braten. Das Gemüsebrühepulver hinzufügen und gut vermengen.

Nun die Paprikawürfel, den gehackten Blattspinat, die Kirschtomaten, das Ajvar, das Erythrit und die Kräuter (Thymian, Majoran) dazu geben und alles nochmal 5–6 Minuten braten. Immer wieder rühren, damit das Gemüse komplett bissfest gegart wird. Bei Bedarf den Deckel zwischendurch kurz schließen. Wenn das Gemüse bissfest ist, dann noch mit Salz und Pfeffer abschmecken.

Die Fetastücke durch das Ei ziehen und dann in den Flohsamenschalen wälzen. Eine Pfanne mit dem Kokosöl erhitzen und die panierten Fetastücke von beiden Seiten kross braten. Das dauert jeweils 2–3 Minuten.

**Nährwerte pro Portion/Person:**
Kalorien: 534, Fett: 30,1 g, Kohlenhydrate: 17,2 g, Eiweiß: 39,4 g

*Sag einer nochmal, dass griechisches Essen immer aus Fleischbergen besteht …*

# Grüne Soße mit Butter-Kohlräbchen

4 Portionen

**Für die Grüne Soße:**
1 Paket (ca. 350 g) frische Kräuter für Grüne Soße, gewaschen und fein gehackt
7 Eier, Größe L, hartgekocht mit dem Messer gehackt
20 g Senf, mittelscharf
15 ml Zitronensaft
45 ml Avocadoöl
250 g Schmand, 20 % Fett
150 ml Dickmilch
Salz und Pfeffer

1,2 kg Kohlrabi, in salzkartoffelgroße Stücke schneiden
20 g Butter

Die Kräuterpakete gibt es im Frühling fix und fertig als Päckchen oder Bund im Supermarkt und auf dem Wochenmarkt zu kaufen. Alternativ die entsprechenden Kräuter aus dem Garten nehmen. Drin sein müssen 7 Kräuter: Borretsch, Kerbel, Kresse, Petersilie, Pimpinelle, Sauerampfer, Schnittlauch. Ich mische gerne noch etwas Zitronenmelisse dazu und nehme nur wenig Petersilie. Das ist aber Geschmackssache und jeder kann die Kräutermischung nach Geschmack und Verfügbarkeit der Kräuter anpassen.

Die hartgekochten Eier schälen und das Eigelb und das Eiweiß trennen. Das Eiweiß in kleine Würfel schneiden. Die Eigelbe in einer Schüssel mit einer Gabel zermatschen. Dann den Senf und den Zitronensaft untermischen. Nun noch das Avocadoöl esslöffelweise zufügen und alles cremig mischen. Dann mit dem Schmand und der Dickmilch nach und nach auffüllen. Immer schön die Masse rühren. Zum Schluss noch die Kräuter und die geschnittenen Eiweiße untermischen. Mit Salz und Pfeffer abschmecken. Im Kühlschrank kühl stellen.

Die Kohlrabistücke in Salzwasser für 20 Minuten kochen. Stechprobe machen. Dann abgießen und in warmer Butter schwenken. Mit etwas Salz und Pfeffer würzen.

# Mein Rezept für die berühmte Frankfurter Grie Soß ...

Die Saison für die Grüne Soße beginnt traditionell zu Gründonnerstag. Nach Ostern werden so gerne die überzähligen Ostereier verwertet.

**Nährwerte pro Portion/Person:**
Kalorien: 551, Fett: 40,0 g, Kohlenhydrate: 19,4 g, Eiweiß: 24,9 g

# Pesto-Raclette-Auflauf

Gerade Aufläufe sind vegetarisch soooo lecker …

**3 Portionen**

15 ml Olivenöl, nativ extra
150 g rote Zwiebel, gehackt
650 g Steckrübe, grob geraspelt
350 g rote Spitzpaprika, in kleine Stücke geschnitten
100 g TK-Erbsen
100 g Tomaten-Pesto
175 g Raclette-Käse, in Scheiben
Salz und Pfeffer

Den Backofen auf 175 Grad Umluft vorheizen.

Das Olivenöl in einem Topf erwärmen und die Zwiebelwürfel glasig dünsten. Dann das komplette Gemüse hinzufügen und für 5-6 Minuten braten. Anschließend das Pesto untermischen und mit Salz und Pfeffer abschmecken.

Die Gemüsemischung in eine flache größere Auflaufform geben. Den Raclettekäse darauflegen und dann für 15–20 Minuten in Ofen backen.

**Nährwerte pro Portion/Person:**
Kalorien: 538, Fett: 34,6 g, Kohlenhydrate: 30,3 g, Eiweiß: 23,7 g

# Lauch-Tagliatelle mit Champignon-Gorgonzola-Creme

**3 Portionen**

85 g Zwiebel, gehackt
30 ml Olivenöl, nativ extra
600 g braune Champignons, blättrig geschnitten
100 ml Milch
100 ml Sahne
2 TL heller Balsamico-Essig
100 g Gorgonzola, mild
½ TL Johannisbrotkernmehl
900 g Lauch, längs halbieren und die halben Stangen in lange Streifen geschnitten
Salz und Pfeffer

In einer hohen Pfanne die Zwiebelwürfel in Olivenöl einige Minuten glasig andünsten. Die Champignons dazu geben und für 1–2 Minuten braten. Dann mit der Milch und der Sahne ablöschen und den Essig unterrühren. Für 5 Minuten köcheln lassen. Anschließend den Gorgonzola hinzufügen und schmelzen lassen. Das Johannisbrotkernmehl über ein Küchensieb mit einem Schneebesen in die Sahnesoße einrühren.

Die Lauchstreifen in einem weiteren Topf in Olivenöl anbraten. Für 7–8 Minuten im Topf braten und zwischendurch immer wieder den Topfdeckel schließen. Wenn die Lauchstreifen soweit sind, dann gemeinsam mit der Champignons-Gorgonzola-Creme anrichten.

**Nährwerte pro Portion/Person:**
Kalorien: 438, Fett: 31,0 g, Kohlenhydrate: 15,5 g, Eiweiß: 20,8 g

*Wer Lauch und Gorgonzola liebt, wird das Gericht vergöttern …*

# Spaghettikürbis mit Tomatensoße und gerösteten Kichererbsen

2 Portionen

1 mittelgroßer Spaghettikürbis, längs halbiert und entkernt
10 ml Olivenöl, nativ extra
Salz und Pfeffer

**Für die gerösteten Kichererbsen:**
230 g Kichererbsen, aus dem Glas, abgespült und auf Küchenpapier getrocknet
15 ml Olivenöl, nativ extra
1 TL Paprika, rosenscharf
½ TL Kreuzkümmel, gemahlen
1 MSP Zimt
1 TL Salz

**Für die Tomatensoße:**
10 ml Olivenöl, nativ extra
40 g Zwiebel, fein gehackt
1 Knoblauchzehe, fein gehackt
400 g geschälte Tomaten, aus der Dose
20 g Tomatenmark, einfach konzentriert (andere Konzentration, Menge anpassen)
1 TL heller Balsamico-Essig
1 TL Erythrit
Salz und Pfeffer

Backofen auf 175 Grad Umluft vorheizen.

Den Kürbis mit dem Olivenöl bestreichen und auf ein mit Papier ausgelegtes Backblech legen. Für ca. 50 Minuten in den Ofen.

Die Kichererbsen mit einem Esslöffel Olivenöl mischen und dann auf einem mit Backpapier belegten Blech verteilen. Für 40 Minuten zu dem Kürbis in den Ofen schieben.

Während Kürbis und Kichererbsen im Ofen rösten, in einem kleinen Topf etwas Olivenöl erhitzen. Darin die Zwiebelwürfel glasig dünsten und dann noch für 1 Minute den gehackten Knoblauch mitbraten. Mit den geschälten Tomaten ablöschen. Das Tomatenmark, den Essig und das Erythrit dazu geben und alles gemeinsam für 20 Minuten köcheln lassen. Anschließend die Tomatensoße pürieren und mit Salz und Pfeffer abschmecken.

Wenn die Kichererbsen soweit sind, dann aus dem Backofen holen. Die heißen Kichererbsen in eine kleine (am besten vorgeheizte) Metallschüssel geben und mit dem Paprika, Kreuzkümmel, Zimt und Salz würzen. Gewürze die nicht hängen bleiben, in die Tomatensoße rühren.

Wenn der Kürbis soweit ist, diesen aus dem Ofen holen und eine Gabel längs durch das gare Kürbisfleisch hin und her schieben. So entstehen kurze Kürbisspaghetti. Leicht mit Salz und Pfeffer würzen.

Anschließend den Spaghettikürbis mit der Tomatensoße anrichten und die heißen Kichererbsen darüber verteilen.

**Nährwerte pro Portion/Person:**
Kalorien: 421, Fett: 19,9 g, Kohlenhydrate: 42,1 g, Eiweiß: 13,8 g

*Da kichert es mit dem Kürbis um die Wette …*

# Halloumi-Paprika-Blumisotto

**3 Portionen**

15 g Kokosöl
250 g Halloumi-Käse, gewürfelt
85 g rote Zwiebel, gewürfelt
850 g Blumenkohl, grob geraspelt
2 TL Gemüsebrühe, als Pulver
300 g Paprika (rot und gelb), gewürfelt
50 g Ajvar, scharf
1 TL Erythrit
100 g Frischkäse
Salz und Pfeffer

In einem Topf einen Teelöffel Kokosöl erhitzen und die Halloumiwürfel darin scharf anbraten. Den Grillkäse aus dem Topf nehmen und beiseitestellen.

In den gleichen Topf den Rest Kokosöl geben und die Zwiebelwürfel glasig dünsten. Dann den geraspelten Blumenkohl dazugeben und mit dem Gemüsebrühepulver würzen. Etwa 4–5 Minuten braten und dann die Paprikastücke hinzufügen. Weitere 4–5 Minuten unter Rühren braten.

Zum Schluss das Ajvar mit dem Erythrit dazu geben und den Frischkäse unterrühren. Bei Bedarf mit Salz und Pfeffer abschmecken. Gemeinsam mit den gebratenen Halloumiwürfeln anrichten.

**Nährwerte pro Portion/Person:**
Kalorien: 536, Fett: 36,6 g, Kohlenhydrate: 18,2 g, Eiweiß: 29,0 g

*Eine sommerliche Variante meines geliebten Blumisottos ...*

# Spirelli-Gemüsepfanne à la panna

**2 Portionen**

Hülsenfrüchte in Nudelform. Alles eine Frage der Menge...

**Für die Sahnesoße:**
50 g rote Zwiebel, in Würfel geschnitten
20 ml Olivenöl, nativ extra
1 Knoblauchzehe, gepresst
100 ml Sahne
100 ml Milch
1 MSP Muskatnuss, frisch gemahlen
25 g Parmesan, frisch gerieben
1 MSP Johannisbrotkernmehl
Salz und Pfeffer

500 g Brokkoli, in kleine Röschen geschnitten
200 g braune Champignons, halbiert oder geviertelt
100 g Kichererbsen- oder Linsen-Spirelli, nach Packungsangabe bissfest kochen und abgießen

In einem kleinen Topf die roten Zwiebelwürfel in etwas Olivenöl glasig anbraten. Dann den gepressten Knoblauch zufügen und für 1 Minute mitbraten. Anschließend die Sahne und Milch zufügen. So für 10 Minuten offen köcheln lassen. Nun die Hitze reduzieren. Muskatnuss und Parmesan untermischen und das Johannisbrotkernmehl mit einem Schneebesen einrühren. Mit Salz und Pfeffer abschmecken.

In einer hohen Pfanne oder einem Topf den Rest Olivenöl erhitzen und die Brokkoliröschen 1–2 Minuten anbraten. Dann den Deckel für 5 Minuten schließen. In der Zeit nur 1–2-mal kurz durchmischen. Als nächstes die Champignons hinzufügen und gemeinsam mit dem Brokkoli weitere 4–5 Minuten im Topf garen. Nun die vorgekochten Nudeln zum Gemüse geben. Mit Salz und Pfeffer abschmecken und zum Schluss noch die Sahnesoße hinzufügen und alles miteinander vermischen.

**Nährwerte pro Portion/Person:**
Kalorien: 595, Fett: 30,1 g, Kohlenhydrate: 37,8 g, Eiweiß: 29,6 g

# Gebratene Spinatwölkchen mit Tomatensoße

**3 Portionen**

**Für die Spinatwölkchen:**
3 Eier, Größe M
25 g Butter, geschmolzen
250 g TK-Blattspinat, aufgetaut, das Wasser fest ausgedrückt und dann gehackt
60 g Eiweißpulver, Natural
1 MSP Muskatnuss, frisch gemahlen
½ TL Salz
15 g Flohsamenschalen
750 ml Gemüsebrühe
25 g Butter, zum Braten

**Für die Tomatensoße:**
50 g Zwiebel, fein gehackt
15 ml Olivenöl, nativ extra
1 Knoblauchzehe, fein gehackt
75 g Staudensellerie, die Fasern entfernt, in Würfel geschnitten
500 g geschälte Tomaten, aus der Dose
25 g Tomatenmark, einfach konzentriert (andere Konzentration, Menge anpassen)
1 EL heller Balsamico-Essig
2 TL Kräuter (Oregano, Thymian, Rosmarin, Salbei etc.), getrocknet
25 g Parmesan, frisch gerieben

Aus den Zutaten für die Spinatklößchen einen Teig herstellen. Die Gemüsebrühe in einem Topf auf dem Herd zum Köcheln bringen und jeweils mit einem Teelöffel von dem Spinatteig abstechen und den Teig in die Gemüsebrühe geben. Die Klößchen für etwa 7–9 Minuten ziehen lassen, bis diese gar sind. Dann mit einer Schaumkelle aus der Brühe nehmen und in einem Sieb abdampfen lassen.

Für die Tomatensoße einen Topf erhitzen und die Zwiebelwürfel im Olivenöl glasig dünsten. Die Knoblauchzehe und die Staudenselleriewürfel hinzufügen und kurz mit anschwitzen. Mit den geschälten Tomaten ablöschen. Dann noch das Tomatenmark, den Essig und die Kräuter hinzufügen. Für 20 Minuten offen köcheln lassen und dann fein pürieren. Nun noch mit Salz und Pfeffer abschmecken.

Zum Schluss noch die Spinatklößchen in einer Pfanne mit Butter für 3–4 Minuten braten. Dann gemeinsam mit der Tomatensoße anrichten und mit Parmesan bestreuen.

**Nährwerte pro Portion/Person:**
Kalorien: 454, Fett: 27,4 g, Kohlenhydrate: 12,8 g, Eiweiß: 30,9 g

Ein himmlischer Genuss ...

# African Peppercream mit Cheesy-Gemüsesticks

3 Portionen

**Für die Peppercream:**
50 g rote Zwiebel, fein gehackt
10 ml Olivenöl, nativ extra
125 g Frischkäse
1 rote Jalapeno-Chili, fein gehackt
100 g rote Paprika, geröstet, aus dem Glas, in Essig und Öl eingelegt, gewürfelt
1 TL Senf, mittelscharf
30 ml Orangensaft, frisch gepresst
2 TL Erythrit

**Für die Gemüsesticks:**
750 g Kohlrabi, in Sticks geschnitten
300 g Süßkartoffel (alternativ Butternut Kürbis), in Sticks geschnitten
150 g Karotte, in Sticks geschnitten
15 ml Olivenöl, nativ extra
1 TL Paprika, edelsüß
75 g Cheddar, herzhaft, gerieben
Salz und Pfeffer

Für die Peppercream die Zwiebelwürfel in einem kleinen Pfännchen im Olivenöl weich braten. Die kompletten Zutaten für die Creme in einen Behälter geben und dann pürieren. Mit Salz und Pfeffer abschmecken und kaltstellen.

Den Backofen auf 175 Grad Umluft vorheizen.

Die Gemüsesticks mit dem Olivenöl und dem Paprika mischen und das dann auf ein Blech mit Backpapier verteilen. Für 20 Minuten in den Ofen schieben. Die Backofentür 2-mal öffnen zwischendurch, so kann etwas Feuchtigkeit entweichen. Nach den 20 Minuten das Gemüse mit Salz und Pfeffer würzen, auf dem Blech in die Mitte schieben und mit dem Cheddar bestreuen. Erneut für 10 Minuten in den Ofen und dann mit der Peppercream servieren.

**Nährwerte pro Portion/Person:**
Kalorien: 453, Fett: 24,7 g, Kohlenhydrate: 38,8 g, Eiweiß: 16,9 g

# Kohlrabipasta mit Tomaten-Feta-Soße

**3 Portionen**

**Für die Tomaten-Feta-Soße:**
15 ml Olivenöl, nativ extra
85 g rote Zwiebel, gehackt
400 g geschälte Tomaten, aus der Dose
250 g Kirschtomaten, geviertelt
1 TL heller Balsamico-Essig
2 TL Erythrit
150 g Feta, gewürfelt
2 TL Thymian, getrocknet
Salz und Pfeffer

900 g Kohlrabi, in Spaghetti geschnitten
15 ml Olivenöl, nativ extra

In einem mittelgroßen Topf das Olivenöl erhitzen und die Zwiebelwürfel in wenigen Minuten glasig dünsten. Dann mit den geschälten Tomaten ablöschen und die Kirschtomaten, den Essig und das Erythrit zufügen. Für 15 Minuten ohne Deckel köcheln lassen. Dann den Feta zufügen und alles zusammen mit dem Pürierstab pürieren. Nun noch den Thymian untermischen und die Soße mit Salz und Pfeffer abschmecken. Weitere 5 Minuten offen einköcheln lassen, damit die Soße noch etwas dicker wird.

In einem zweiten Topf einen Esslöffel Olivenöl erhitzen und darin die Kohlrabispaghetti 6–7 Minuten bissfest braten. Gemeinsam mit der Tomaten-Fetasoße anrichten.

**Nährwerte pro Portion/Person:**
Kalorien: 354, Fett: 21,7 g, Kohlenhydrate: 20,7 g,
Eiweiß: 16,4 g

*Wenn der Feta richtig Schmackes hat, braucht es sonst nicht viel ...*

# Mediterrane Gemüsepasta-Pfanne

2 Portionen

**Für die mediterrane Soße:**
20 ml Olivenöl, nativ extra
150 g Halloumi-Käse, in Stücke geschnitten
50 g rote Zwiebel, gehackt
2 Zehen Knoblauch, fein gewürfelt
200 g Kirschtomaten, halbiert
1 EL Rosmarin, frisch, gehackt
50 g grüne Oliven, ohne Stein, in Kräutern oder Peperoni mariniert, geviertelt
75 g Avocado, das Fruchtfleisch in Würfel geschnitten
Salz und Pfeffer

500 g Zucchini, zu Spaghetti geschnitten
200 g Möhren, zu Spaghetti geschnitten

Für die würzige mediterrane Soße etwas von dem Olivenöl in einem Topf erhitzen und die Halloumiwürfel anbraten. Wenn diese leicht braun sind, dann aus der Pfanne nehmen. Nun die Zwiebelwürfel in weiterem Olivenöl glasig dünsten und kurz die Knoblauchstücke mitbraten. Anschließend die Kirschtomaten untermischen und die Soße 5–6 Minuten schmoren lassen. Den Rosmarin und die Oliven hinzufügen und alles gut rühren. Von der heißen Herdplatte nehmen und abschließend noch die Avocadowürfel und die gebratenen Halloumiwürfel in die Pfanne geben. Mit Salz und Pfeffer abschmecken.

In einem weiteren größeren Topf den Rest vom Olivenöl erhitzen und die Karotten-Spaghetti anbraten. Nach 3–4 Minuten noch die Zucchini-Spaghetti hinzufügen und gemeinsam weitere 3–4 Minuten bissfest garen. Die Gemüsenudeln gemeinsam mit der würzigen Soße anrichten.

**Nährwerte pro Portion/Person:**
Kalorien: 569, Fett: 43,2 g, Kohlenhydrate: 19,2 g, Eiweiß: 23,5 g

Wegen genau solcher Mahlzeiten leben die da im Süden länger …

# Vegane Champignon-Bolognese aus der Kürbisschale

**2 Portionen**

1 größerer Butternut-Kürbis, den massiven Teil abgeschnitten und die hohle Kugel längs in der Mitte geteilt, geschält und die Kerne entfernt. Nur das halbierte Unterteil von etwa 600 g wird gebraucht.
15 ml Olivenöl, nativ extra

15 ml Olivenöl, nativ extra
85 g rote Zwiebel, gehackt
1 Knoblauchzehe, fein gehackt
300 g braune Champignons, fein gehackt
400 ml geschälte Datteltomaten, aus der Dose
10 ml dunkler Balsamico-Essig
1 TL Erythrit
1 EL italienische Kräuter (Thymian, Oregano, Rosmarin, Salbei, Fenchel), getrocknet
35 g Mandelmus, hell
Salz und Pfeffer

Den Backofen auf 180 Grad Umluft vorheizen.

Die leeren halbierten Kürbiskugeln mit Olivenöl bestreichen und Salz darüber streuen. In einer großen Auflaufform oder einem Backblech für 45–50 Minuten backen.

In der Zwischenzeit das Olivenöl in einem Topf erhitzen und die Zwiebel glasig dünsten. Dann den Knoblauch und die gehackten Champignons zufügen. Alles gemeinsam 2–3 Minuten braten. Nun mit den Datteltomaten ablöschen und den Balsamico-Essig, das Erythrit und die Kräuter untermischen. Für 30 Minuten köcheln lassen. Zum Schluss das Mandelmus unterrühren und mit Salz und Pfeffer abschmecken.

Den Butternut-Kürbis nach den ca. 45 Minuten aus dem Ofen holen und prüfen, ob er weich

# Du kannst auch Bettila zu mir sagen …

genug ist. Dann die vegane Champignon-Bolognese in die Ausbuchtung geben. Wenn die Soße nicht komplett in den Kürbis passt, dann einen Teil unter den Kürbis geben.

**Nährwerte pro Portion/Person:**
Kalorien: 435, Fett: 24,4 g, Kohlenhydrate: 36,7 g, Eiweiß: 14,4 g

# Mini-Blumenkohl-Muffins mit Tomatenmarmelade

Die kleinen Muffins schmecken auch kalt klasse ...

**2 Portionen/24 Mini-Muffins**

500 g Blumenkohl, grob geraspelt
85 g rote Zwiebel, fein gewürfelt
200 g Hüttenkäse/körniger Frischkäse, 20 % Fett
2 Eier, Größe L
75 g Cheddar, herzhaft, gerieben
10 g Flohsamenschalen
10 g Zwiebelpulver (aus dem Gewürzregal)
5 g Paprika, rosenscharf
Salz und Pfeffer

100 g Tomatenmarmelade,
(Rezept Seite 185)

Den Backofen auf 185 Grad Umluft vorheizen.

Den geraspelten Blumenkohl und die Zwiebelwürfel in eine Ofenform geben und für 25 Minuten rösten. Während der Zeit im Ofen 3-mal durchmischen. Dann aus dem Ofen nehmen und lauwarm abkühlen lassen. Den gerösteten Blumenkohl in eine Schüssel geben und den Hüttenkäse, die Eier und den geriebenen Cheddar untermischen. Anschließend noch die Flohsamenschalen, das Zwiebelpulver und das Paprikapulver hinzufügen. Mit Salz und Pfeffer abschmecken. Den Blumenkohlteig in die Muffinförmchen (Silikon oder vorgefettet) geben und im Ofen für 20–25 Minuten backen lassen. Die Mini-Blumenkohl-Muffins gemeinsam mit der Tomatenmarmelade servieren.

**Nährwerte pro Portion/Person:**
Kalorien: 480, Fett: 23,3 g, Kohlenhydrate: 23,5 g, Eiweiß: 38,5 g

# Cheddar-Tomaten-Pilz-Frittata

**2 Portionen**

15 ml Olivenöl, nativ extra
150 g rote Zwiebel, in Ringe geschnitten
250 g braune Champignons, halbiert oder geviertelt
250 g Kirschtomaten
4 Eier, Größe M, verquirlt und mit Salz und Pfeffer gewürzt
100 g Cheddar, herzhaft, gerieben

Den Backofen auf 175 Grad Umluft vorheizen.

Eine ofentaugliche große Pfanne erhitzen. Das Olivenöl und die Zwiebelringe hinzufügen und 3–4 Minuten braten. Dann die Champignons dazu geben und weitere 3–4 Minuten braten. Den Herd ausschalten und die Tomaten in der Pfanne verteilen. Das Ei hinzufügen und dann mit dem Cheddar bestreuen. Für 15 Minuten in den Ofen stellen.

**Nährwerte pro Portion/Person:**
Kalorien: 468, Fett: 33,7 g, Kohlenhydrate: 9,3 g, Eiweiß: 31,6 g

Einfach, günstig und gut …

# Apfelmichel

4 Portionen

1 kleine Kastenform mit 20 cm Länge/ergibt etwa 12 Scheiben

**Für das süße Brot:**
65 g Mandelmehl, entölt
65 g Kokosmehl
25 g Eiweißpulver, Vanille
25 g Eiweißpulver, Natural
2 TL Backpulver
225 ml Milch
3 Eier, Größe M
50 g Erythrit
2 TL Stevia-Streupulver mit Erythrit
1 Prise Salz

Den Backofen auf 180 Grad Umluft vorheizen.

Die trockenen Zutaten in einer Schüssel abwiegen und mischen. Alle nassen Zutaten mit den Süßmitteln und dem Salz verrühren. Esslöffelweise die trockene Mischung unterrühren. Eine kleine Kastenform mit Backpapier auskleiden und den Teig hineingeben. Für 50 Minuten in den Backofen. Wenn das süße Brot zu dunkel wird, dann nach 30 Minuten mit etwas Alufolie schützen. Abkühlen lassen und dann in 1–2 cm dicke Scheiben schneiden.

**Für die Eiersahne:**
100 ml Sahne,
100 ml Milch,
3 Eier, Größe M,
50 g Erythrit und
½ TL gemahlene Bourbon-Vanille, gemixt

*Süße Hauptmahlzeiten sind nicht nur was für Kinder …*

**Für den Apfelmichel:**
500 g Äpfel (Boskop), geschält und entkernt, in Scheiben geschnitten, im Saft von einer kleinen Bio-Zitrone gewendet
50 g gestiftete Mandeln, ohne Fett in der Pfanne goldgelb geröstet und heiß mit 1 EL Erythrit bestreut
15 g Butter, zum Fetten der Auflaufform

Eine Auflaufform mit Butter fetten mit dem süßen Brot, den Apfelscheiben und den Mandelstiften geschichtet befüllen. Die Vanille-Eiersahne über den Auflauf geben und diesen dann für 40 Minuten in den Ofen stellen. Aufpassen, der Apfelmichel wird schnell dunkel. Rechtzeitig abdecken!

**Nährwerte pro Portion/Person:**
Kalorien: 564, Fett: 31,1 g, Kohlenhydrate: 24,3 g, Eiweiß: 38,9 g

# Gebackener Kürbis mit Gorgonzolacreme

*Aus dem heißen Ofen. Perfekt für die ersten kühlen Abende im Jahr …*

**3 Portionen**

900 g Butternut-Kürbis, geschält und entkernt, in lange Spalten geschnitten
20 ml Olivenöl, nativ extra
Salz und Pfeffer

**Für die Gorgonzolacreme:**
100 g Gorgonzola, mild, in kleine Stücke zerteilt
150 g Ricotta (italienischer Frischkäse)
30 g Haselnüsse, grob gehackt
Salz und Pfeffer

Den Backofen auf 180 Grad Umluft vorheizen.

Die Kürbisspalten in eine Ofenform legen und diese mit dem Olivenöl bestreichen und mit Salz und Pfeffer bestreuen. So für 20 Minuten in den Ofen stellen.

In der Zwischenzeit den Gorgonzola mit dem Ricotta mischen und kräftig mit Salz und Pfeffer würzen. Die Mischung dann auf dem vorgebackenen heißen Kürbis verteilen und die gehackten Nüsse darüber streuen. Anschließend für 7–8 Minuten zurück in den Ofen stellen und fertig ist der Genuss.

**Nährwerte pro Portion/Person:**
Kalorien: 449, Fett: 29,3 g, Kohlenhydrate: 30,7 g, Eiweiß: 16,0 g

# Herzhafter Gemüse-Schüttelauflauf

**3 Portionen**

15 ml Olivenöl, nativ extra
100 g TK-Erbsen
200 g Karotten, gewürfelt
250 g Petersilienwurzel, gewürfelt
350 g Lauch, in Ringe geschnitten
200 g Hüttenkäse/körniger Frischkäse, 20 % Fett
150 g Appenzeller Käse, gerieben (100 g in den Auflauf und 50 g zum Überbacken)
3 Eier, Größe M, mit Salz und Pfeffer zu Rührei verquirlt
1 TL Gemüsebrühe, als Pulver
1 TL Paprika, rosenscharf
¼ TL Muskatnuss, frisch gemahlen
Salz und Pfeffer

Den Backofen auf 175 Grad Umluft vorheizen.

Das Olivenöl in einem Topf erhitzen und das Gemüse darin für 7–8 Minuten braten. Dann in eine Schüssel geben und lauwarm abkühlen lassen. Die restlichen Zutaten einschließlich der Gewürze, außer 50 g Käse, hinzufügen und alles gut durchmischen. Mit Salz und Pfeffer abschmecken und in eine Auflaufform füllen. Mit dem restlichen Käse bestreuen und nun noch für 30 Minuten im Ofen backen.

**Nährwerte pro Portion/Person:**
Kalorien: 501, Fett: 29,5 g, Kohlenhydrate: 22,0 g, Eiweiß: 34,0 g

*Schüttelpizza meets Gemüse in der Auflaufform …*

# Lasagne senza Carne

3 Portionen

**Für die Gemüsebolognese:**
100 g rote Zwiebel, gehackt
15 ml Olivenöl, nativ extra
1 Knoblauchzehe, fein gehackt
100 g Staudensellerie, in kleine Würfel geschnitten
250 g braune Champignons, gehackt
300 g Zucchini, ohne Kerne, in kleine Würfel geschnitten
500 g Kirschtomaten, geviertelt
2 TL Oregano, getrocknet
1 TL Chiliflocken, getrocknet
50 g Mandelmus
Salz und Pfeffer

**Für die Mozzarella-Lasagneplatten:**
125 g Mozzarella, fettarm, in kleine Stücke geschnitten
3 Eier, Größe M
25 ml Olivenöl, nativ extra
15 g Flohsamenschalen
Salz und Pfeffer

50 g Manchego-Käse, gerieben, zum Bestreuen

Den Backofen auf 175 Grad Umluft vorheizen.

Einen Topf erhitzen und die Zwiebelwürfel in einem Esslöffel Olivenöl 2–3 Minuten glasig dünsten. Dann den Knoblauch zufügen und 1 Minute braten. Nun die Staudenselleriewürfel, die gehackten Champignons und die kleingeschnittenen Zucchini zufügen. Für 1–2 Minuten anschwitzen und anschließend mit den geviertelten Kirschtomaten ablöschen. Das Oregano und die Chiliflocken zufügen und noch Salz und Pfeffer untermischen. Für 15 Minuten köcheln lassen. Zum Schluss noch das Mandelmus unterrühren und die Soße mit Salz und Pfeffer abschmecken.

Die Mozzarellawürfel mit den Eiern und dem Olivenöl gemeinsam pürieren. Salz und Pfeffer und die Flohsamenschalen unterrühren. Auf ein mit Backpapier belegtes Blech geben und über die ganze Fläche dünn ausstreichen. Ich nutze dazu immer einen Kuchenheber. Für 8–9 Minuten backen. Nach der Backzeit aus dem Ofen nehmen und die große Nudelplatte mit dem Backpapier einmal gedreht auf ein zweites Backpapier legen und das obere Papier abziehen. Nun mit einem scharfen Messer in vier gleich große Teile schneiden.

In eine Auflaufform etwas von der Gemüsebolognese geben. Dann die erste der 4 Lasagneplatten in die Auflaufform legen. Nun von der Soße darüber verteilen und die nächste Lasagneplatte einfüllen. So fortfahren, bis die Lasagneplatten alle aufgebraucht sind und die Lasagne mit der Gemüsesoße abschließt. Zum Schluss die Lasagne noch mit dem Manchego-Käse bestreuen und für 20 Minuten in den Ofen stellen.

**Nährwerte pro Portion/Person:**
Kalorien: 513, Fett: 36,3 g, Kohlenhydrate: 13,4 g, Eiweiß: 29,1 g

*Lasagne vom Feinsten …*

# Spätzlegratin mit Tomaten und Spinat

3 Portionen

**Für die Mozzarella-Spätzle:**
250 g Mozzarella, fettarm, in Würfel geschnitten
3 Eier, Größe M
1 Eigelb
50 g Eiweißpulver, Natural
20 g Flohsamenschalen
½ TL Salz
½ TL Kurkuma, für die Farbe

**Für den Gratin:**
15 ml Olivenöl, nativ extra
15 g Butter
2 Knoblauchzehen, fein gehackt
250 g Kirschtomaten, halbiert
100 g Baby-Spinat, frisch
1 EL Rosmarin, frisch, gehackt
75 g Manchego-Käse, grob gerieben
Salz und Pfeffer

Für die Spätzle den Mozzarella gemeinsam mit den Eiern und dem Eigelb pürieren. In diese Masse die trockenen Zutaten unterrühren. Den Teig für etwa 15 Minuten im Kühlschrank quellen lassen. Dann einen Topf mit Salzwasser erhitzen und den Spätzleteig in das leicht kochende Wasser durch eine Spätzlepresse drücken oder schaben. Für 2–3 Minuten köcheln lassen und dann mit der Schaumkelle abschöpfen und in einem Sieb zwischenlagern. Im Sieb die Spätzle immer wieder mischen, damit diese richtig abdampfen können und nicht zusammenkleben.

Den Backofen auf 175 Grad Umluft vorheizen.

Eine große höhere Pfanne erhitzen und im Olivenöl und der Butter die Knoblauchwürfel kurz anbraten. Dann die Spätzle hinzufügen und kräftig mit Salz und Pfeffer würzen. Die halbierten

Tomaten und den Spinat untermischen und noch den gehackten Rosmarin hinzufügen. Alles in eine Auflaufform füllen und mit dem Manchego-Käse bestreuen. Für 15 Minuten im Ofen backen. Wer den Knoblauchgeschmack milder mag, schneidet diesen jeweils in 3 Scheiben und brät diese im Fett kurz an und entfernt dann den Knoblauch jedoch wieder. Das Aroma bleibt erhalten, aber ohne aufdringlich zu sein.

**Nährwerte pro Portion/Person:**
Kalorien: 503, Fett: 30,3 g, Kohlenhydrate: 7,3 g, Eiweiß: 45,9 g

*So macht fleischlos Essen richtig Spaß …*

# Salate gehen immer, wenn sie lecker sind und satt machen

Das Thema Salate treibt mich immer wieder um. Wahrscheinlich, weil ich seit jeher keine Leidenschaft entwickelt habe für wässrigen Eisbergsalat und verzuckerte Dressings. Auch das Loch im Bauch, das sich nach Salaten häufig schnell einstellt, machte es mir nicht leicht Freundschaft zu schließen. Von daher geht es bei meinen Salatrezepten etwas üppiger zur Sache, und ein zufriedener Bauch ist neben dem happy Gaumen das erklärte Ziel. Hier kommen 15 bunte Salatideen, die den Hunger vertreiben und lange zufrieden und satt machen.

# Vitalsalat

**2 Portionen**

100 g Apfel (Boskop), ohne Kerngehäuse, in kleine Stücke geschnitten
150 g Avocado, Fruchtfleisch in Würfel geschnitten
Saft von einer halben Zitrone
150 g rote Paprika, in kleine Würfel geschnitten
85 g rote Zwiebel, in Würfel geschnitten
250 g Stremel-Lachs, in kleine Stücke zerteilt

**Für das Salatdressing:**
150 g Griechischer Joghurt, 10 % Fett
3 TL Sahne-Meerrettich
Saft von einer halben Zitrone
1 TL Erythrit
Salz und Pfeffer

Ein erfrischender Salat und dazu eine gescheite Mahlzeit …

Den Saft einer halben Zitrone über die Apfel- und die Avocadostücke geben. Das dann mit den restlichen Bestandteilen des Salates mischen. In einem kleinen Schüsselchen den Joghurt, den Sahne-Meerrettich, den Zitronensaft und das Erythrit verrühren. Das Salatdressing mit Salz und Pfeffer abschmecken und dann über den Salat geben.

**Nährwerte pro Portion/Person:**
Kalorien: 557, Fett: 34,8 g,
Kohlenhydrate: 19,2 g,
Eiweiß: 39,4 g 13.1

# Teufelssalat

**3 Portionen**

500 g Rindfleisch, mager, zum Kochen geeignet
750 ml Gemüsebrühe
100 g TK-Erbsen
750 g Paprika (2 rot, 1 gelb, 1 grün), in kleine Stücke geschnitten
100 g rote Zwiebel, in Würfel geschnitten
15 ml Olivenöl, nativ extra
150 g Silberzwiebeln, abgetropft
100 g Gewürzgurken, in Würfel geschnitten

**Für die Salatsoße:**
75 g Ketchup, zuckerfrei
25 ml Sriracha-Soße (alternativ Worcestersauce mit einer MSP Sambal Oelek)
15 g Tomatenmark, einfach konzentriert (andere Konzentration, Menge anpassen)
15 ml Gurkenwasser (aus dem Glas Gewürzgurken)
15 ml heller Balsamico-Essig
30 ml Kochbrühe vom Rindfleisch
10 g Senf, mittelscharf
1 EL Erythrit
Salz und Pfeffer

Den Backofen auf 175 Grad Umluft vorheizen.

Das Rindfleisch in einen kleinen Topf geben und mit so viel Wasser befüllen, dass das Fleisch bedeckt ist. Zum Kochen bringen und etwas Gemüsebrühepulver hinzufügen. Das Rindfleisch braucht eine Kochzeit von etwa 90 Minuten. In den letzten 5 Minuten noch die Erbsen hinzufügen und mitkochen lassen. Anschließend das Fleisch zum Abkühlen aus der Brühe nehmen und dann kleinschneiden. Die gekochten Erbsen in ein Sieb abgießen und die Kochflüssigkeit auffangen.

Die Paprikastücke mit den Zwiebelwürfeln und dem Olivenöl mischen und für 20 Minuten in den Backofen geben. Anschließend abkühlen lassen.

# Teuflisch gut ...

Die Zutaten für die Salatsoße mischen. Mit Salz und Pfeffer abschmecken. Alle Zutaten des Teufelssalat in eine Schüssel geben und die Salatsoße untermischen. Gut ziehen lassen und vor dem Verzehr nochmal abschmecken.

**Nährwerte pro Portion/Person:**
Kalorien: 492, Fett: 19,7 g, Kohlenhydrate: 32,3 g, Eiweiß: 39,6 g

# Lauwarmer Tomatensalat mit Sweet-Bacon

Herzhaft und süß zugleich. Bämmm, total lecker …

**2 Portionen**

150 g Griechischer Joghurt, 10 % Fett
50 g Low-Carb-Tomatenmarmelade (Rezept Seite 185)
200 g Bacon-Würfel
600 g Kirschtomaten, halbiert oder geviertelt
Salz und Pfeffer

Die Kirschtomaten in eine Schüssel geben und parat stellen.

Den Griechischen Joghurt mit der Hälfte der Tomatenmarmelade mischen und mit Salz und Pfeffer abschmecken. Die Bacon-Würfel in einer Pfanne ohne Fett kurz anbraten und die andere Hälfte der Tomatenmarmelade untermischen. Die Pfanne vom Herd nehmen und 2–3 Minuten warten. Dann die Kirschtomaten kurz im warmen Bacon schwenken und dann gemeinsam mit dem süßen Joghurt-Dip anrichten.

**Nährwerte pro Portion/Person:**
Kalorien: 424, Fett: 29,8 g,
Kohlenhydrate: 15,8 g, Eiweiß: 21,8 g

# Low-Carb-Tomatenmarmelade

**1 Glas von etwa 350 g/14 Portionen à 25 g**

Perfekt zum Grillen und mehr …

250 g Kirschtomaten, geviertelt
35 g rote Zwiebel, fein gewürfelt
25 g Tomatenmark, einfach konzentriert
25 ml Zitronensaft, frisch gepresst
10 g Sambal Oelek
10 g Ingwer, frisch gerieben
1 TL Salz
75 g Gelier-Xucker, 3:1

In einem Topf alle Zutaten, außer dem Gelier-Xucker, erhitzen und zum Kochen bringen. Für 10 Minuten köcheln lassen. Dann mit dem Pürierstab leicht stückig zerkleinern. Nun den Gelier-Xucker hinzufügen und weitere 4–5 Minuten kochen lassen.

Die heiße Tomatenmarmelade in ein Glas geben und sofort verschließen.

**Nährwerte pro Portion á 25 g:**
Kalorien: 18, Fett: 0,1 g,
Kohlenhydrate: 4,0 g, Eiweiß: 0,3 g

# Karottenrolle mit Fleischsalat

3 Portionen

Sieht doch Hammer aus ...

**Für die Karottenrolle:**
250 g Möhren, fein geraspelt
3 Eier, Größe M
50 g Gouda, mittelalt, gerieben
10 g Flohsamenschalen
Salz und Pfeffer

**Für die Fleischsalatfüllung:**
200 g Lyoner Wurst, in Streifen geschnitten (alternativ gekochter Schinken, wer keine Wurst mag oder Fett sparen will)
100 g Gewürzgurken, in kleine Stücke geschnitten
100 g Frischkäse
25 ml Gurkenwasser (aus dem Glas Gewürzgurken)
1 TL Erythrit
50 g rote Zwiebel, fein gewürfelt
75 g Frühlingszwiebeln, in Ringe geschnitten
100 g rote Paprika, klein gewürfelt
Salz und Pfeffer

Den Backofen auf 175 Grad Umluft vorheizen. Aus den geraspelten Karotten, den Eiern, dem Gouda und den Flohsamenschalen einen Teig anrühren. Mit Salz und Pfeffer würzen. Die Mischung auf ein mit Backpapier belegtes Blech geben und großflächig verteilen. Für 15 Minuten backen und dann abkühlen lassen. Die Zutaten für den Fleischsalat mischen. Mit Salz und Pfeffer würzen. Den Fleischsalat nun auf dem Karottenboden geben und dann vorsichtig aufrollen. In Frischhaltefolie wickeln und gut durchkühlen lassen. Nun noch aufschneiden und genießen.

**Nährwerte pro Portion/Person:**
Kalorien: 497, Fett: 37,3 g, Kohlenhydrate: 15,3 g, Eiweiß: 22,7 g

# Sommerlicher Bismarckhering-Salat

**2 Portionen**

250 g Bismarckheringe, abgetropft, in Streifen geschnitten
100 g Rote Bete, grob geraspelt
50 g Staudensellerie, geputzt und fein gewürfelt
75 g Gewürzgurken, gewürfelt
50 g rote Zwiebel, fein gehackt
1 EL heller Balsamico-Essig
1 EL Olivenöl, nativ extra
150 g Griechischer Joghurt, 10 % Fett
200 g Romana-Salatherzen, mundgerecht zerkleinert
75 g Heidelbeeren, frisch
Salz und Pfeffer

Alle Zutaten, außer den Heidelbeeren und dem Romana-Salat, mischen und für eine Stunde ziehen lassen. Dann den grünen Salat auf 2 Teller geben und den Heringssalat darauf verteilen. Nun noch mit den Heidelbeeren bestreuen.

**Nährwerte pro Portion/Person:**
Kalorien: 444, Fett: 29,0 g, Kohlenhydrate: 19,4 g, Eiweiß: 25,2 g

Hering und Heidelbeeren. Fängt beides mit H an. Passt also ...

# Kohlrabi-Spaghetti-Salat

**4 Portionen**

15 ml Olivenöl
1,2 kg Kohlrabi, geschält, in Spaghetti geschnitten
100 g TK-Erbsen
2 TL Gemüsebrühe, als Pulver
4 Eier, Größe M, hartgekocht, kleingeschnitten
250 g (Geflügel)Fleischwurst, in kleine Würfel geschnitten
75 g Delikatess-Mayonnaise, gerne selbst gemacht (Rezept Seite 189)
1 TL Erythrit
1 TL Curry
½ TL Paprika, rosenscharf
¼ TL Muskatnuss, frisch gemahlen
Salz und Pfeffer

Einen großen Topf erhitzen und in etwas Olivenöl die Kohlrabi-Spaghetti und die Erbsen für 7–8 Minuten bissfest braten. Immer wieder den Deckel kurz schließen, damit das Gemüse kurz garen kann. Das Gemüsebrühepulver untermischen. Wenn das Gemüse bissfest ist, dann in ein Sieb gießen und abkühlen lassen. Natürlich kann das Gemüse auch in etwas Wasser für 5 Minuten gekocht werden, aber mir schmeckt es angebraten einfach besser.

In eine größere Salatschüssel die »Spaghetti« geben. Die Eier und die Fleischwurstwürfel unter das Gemüse mischen.

Die Mayonnaise separat mit den Gewürzen verrühren und das dann in Etappen unter den Salat mischen. Immer 3–4 Teelöffel auf den Salat geben und dann vorsichtig umschichten. Den Salat anschließend im Kühlschrank für 2–3 Stunden durchziehen lassen. Mit Salz und Pfeffer abschmecken.

**Nährwerte pro Portion/Person:**
Kalorien: 478, Fett: 33,5 g, Kohlenhydrate: 17,6 g, Eiweiß: 23,5 g

Mein Lieblings-Nudelsalat aus meiner Kindheit …

# Mayonnaise

**Ergibt etwa 200 g fertige Mayonnaise**

1 Ei, Größe M
1 TL Senf, mittelscharf
125 ml Avocado-Öl
1 TL heller Balsamico-Essig
Salz und Pfeffer

Alle Zutaten sollten Zimmertemperatur haben.

Das Avocado-Öl in einen Behälter geben, aus dem man das Öl langsam ausgießen kann. In einem schmalen hohen Becher das Ei mit dem Senf mit einem Pürierstab cremig schlagen. Dann in den laufenden Pürierstab langsam das Öl hinzulaufen lassen. Die ganze Zeit pürieren, bis das komplette Öl aufgebraucht ist und die Masse cremig ist. Nun noch den Essig und etwas Salz und Pfeffer hinzufügen und mit dem Pürierstab untermischen. Dann die fertige Mayonnaise in den Kühlschrank stellen. Die Mayonnaise kann über 2–3 Tage aufgebraucht werden.

**Nährwerte je 100 g Mayonnaise:**
Kalorien: 557, Fett: 59,8 g,
Kohlenhydrate: 1,1 g, Eiweiß: 3,6 g

Basis für viele leckere Rezepte …

# Orientalischer Blumi-Cous-Salat

**5 Portionen (als Beilagensalat)**

**Für die Salatbasis:**
950 g Blumenkohl, grob geraspelt
250 g rote Spitzpaprika, in kleine Würfel geschnitten
100 g rote Zwiebel, gehackt
150 g Karotten, grob geraspelt
2 EL Olivenöl, nativ extra
250 g Kirschtomaten, geviertelt
75 g Frühlingszwiebeln, in Ringe geschnitten

**Für das Dressing:**
150 g Griechischer Joghurt, 10 % Fett
1 EL heller Balsamico-Essig
1 TL Paprika, rosenscharf
1 TL Kreuzkümmel, gemahlen
10 g Harissa-Paste
Salz und Pfeffer

Den Backofen auf 175 Grad Umluft vorheizen.

Den geraspelten Blumenkohl, die kleingeschnittene Spitzpaprika, die Zwiebel- und Karottenwürfel in eine Ofenform geben und mit dem Olivenöl mischen. Für 20 Minuten im Ofen backen und zwischendurch 2-mal mischen. Dann abkühlen lassen.

Die Zutaten für das Dressing mischen und kräftig mit Salz und Pfeffer abschmecken. Dann unter das geröstete Gemüse mischen. Zum Schluss noch die geschnittenen Kirschtomaten und die Frühlingszwiebelringe unterheben.

**Nährwerte pro Portion/Person:**
Kalorien: 199, Fett: 9,9 g, Kohlenhydrate: 15,8 g, Eiweiß: 8,0 g

Der Salat rockt jede Grillparty …

# Burger-Vital-Salat

**2 Portionen**

**Für das Dressing:**
75 g Ketchup, zuckerfrei
1 TL Senf, mittelscharf
150 g Griechischer Joghurt, 10 % Fett
60 g Gewürzgurken, gewürfelt
1 EL Gurkenwasser, aus dem Gewürzgurkenglas
Salz und Pfeffer

**Für die Salatmischung:**
150 g Mini-Romanasalat, kleingeschnitten
100 g rote Paprika, in Streifen geschnitten
150 g Kirschtomaten, halbiert
75 g Avocado, das Fruchtfleisch in Stücke geschnitten

**Für das Hackfleisch-Käse-Topping:**
10 g Kokosöl
50 g rote Zwiebel, gewürfelt
250 g mageres Rinderhackfleisch
½ TL Kurkuma
½ TL Paprika, rosenscharf
50 g Gouda, mittelalt, grob gerieben
Salz und Pfeffer

*Es burgert in der Salatschüssel ...*

Die Zutaten für das Salatdressing verrühren und kräftig mit Salz und Pfeffer abschmecken. Die Zutaten für den bunten Salat mischen und in 2 Schalen anrichten. Das Kokosöl in einer Pfanne erhitzen. Die Zwiebelstücke glasig andünsten und das Hackfleisch zufügen. Schön krümelig braten und kräftig würzen. Zum Schluss den Käse in der Pfanne über dem Hackfleisch verteilen und den Herd ausschalten. Kurz stehen lassen und den Käse auf der warmen Hackpfanne schmelzen lassen. Die Fleisch-Käse-Mischung über dem Salat verteilen und das Salatdressing über den Salat geben.

**Nährwerte pro Portion/Person:**
Kalorien: 602, Fett: 41,1 g, Kohlenhydrate: 16,2 g, Eiweiß: 39,3 g

# Steckrübensalat India

**5 Portionen**

1 Putenoberkeule, mit Knochen von etwa 1 kg
1-2 EL Gemüsebrühe, als Pulver
1 kg Steckrübe, geschält in 2x2 cm große Würfel schneiden (alternativ Kohlrabi)
150 g TK-Erbsen
300 g rote Paprika, klein gewürfelt
100 g rote Zwiebeln, geviertelt, in dünne Streifen schneiden

**Für das Salatdressing:**
250 g Griechischer Joghurt, 10 % Fett
100 g TK- Mango, ungezuckert
2 TL Curry
2 EL heller Balsamico-Essig
2 EL Olivenöl, nativ extra
2 TL Erythrit
Salz und Pfeffer

Die Putenoberkeule mit Knochen und Haut in einen Topf geben und so viel Wasser hinzufügen, dass das Fleisch bedeckt ist. Auf dem Herd zum Kochen bringen und das Wasser mit dem Gemüsebrühepulver würzen. Für 1–1,5 Stunden (je nach Größe der Oberkeule) kochen lassen. Die gare Putenkeule aus der Brühe nehmen, die Haut entfernen und die Keule nach dem Abkühlen für den Salat in kleine Stücke schneiden.

Die Steckrübenstücke und die gefrorenen Erbsen in die heiße Brühe geben, in der vorher das Fleisch war und das Gemüse für 8–9 Minuten kochen. In einem Sieb abgießen und die Brühe dabei auffangen und als z.B. Suppenbasis einfrieren. Das heiße Gemüse abkühlen lassen.

Das komplette Gemüse und das kleingeschnittene Fleisch in einer großen Salatschüssel mischen.

*Mango und Curry treffen auf die bodenständige Steckrübe ...*

Alle Zutaten für das Dressing in einen hohen schmalen Behälter geben und pürieren. Mit Salz und Pfeffer kräftig abschmecken.

Das Dressing über den Salat schütten, gut durchmischen und mindestens 2 Stunden ziehen lassen.

**Nährwerte pro Portion/Person:**
Kalorien: 498, Fett: 16,0 g, Kohlenhydrate: 26,6 g, Eiweiß: 33,6 g

# Gyrossalat

4 Portionen

**Für das Hähnchengyros:**
400 g Hähnchenbrust, in Streifen geschnitten
1 EL Gyrosgewürz
½ TL Paprikapulver, rosenscharf
2 Knoblauchzehen, gepresst
10 g rote Currypaste
40 ml Olivenöl, nativ extra
200 g rote Zwiebel, geviertelt und in Streifen geschnitten
Salz und Pfeffer

**Für die Gemüsebasis:**
950 g Spitzkohl zerteilt, ohne Strunk, in 0,5 cm breite Streifen geschnitten
250 g rote Spitzpaprika, in Würfel geschnitten
15 ml Olivenöl, nativ extra

**Für das Salatdressing:**
150 g Griechischer Joghurt, 10 % Fett
15 ml heller Balsamico-Essig
15 ml Olivenöl, nativ extra
je 1 TL Thymian und Oregano, frisch oder getrocknet
1 EL Dill, frisch oder TK
Salz und Pfeffer

100 g Feta, gewürfelt

Den Backofen auf 180 Grad Umluft vorheizen.

Die Hähnchenstreifen in eine Gefriertüte geben und das Gyrosgewürz, Paprikapulver, den Knoblauch, die Currypaste und das Olivenöl zugeben. Gut vermengen. Diese Mischung mindestens 4 Stunden im Kühlschrank marinieren lassen.

Das Fleisch in einer heißen Pfanne ohne weitere Zugabe von Öl anbraten. Nach 3–4 Minuten die Zwiebeln zufügen. Mit Salz und Pfeffer würzen. Wenn die Zwiebeln weich sind und das Fleisch durchgebraten, dann abkühlen lassen.

Die Kohlstreifen und die Paprikastücke in eine Auflaufform geben und einen Esslöffel Olivenöl darübergießen. Durchmischen und mit Salz und Pfeffer würzen. Für 20–25 Minuten im Ofen backen. Zwischendurch 2-mal durchrühren und anschließend abkühlen lassen.

Die Zutaten für das Dressing verrühren.

Am Ende das abgekühlte Gemüse und das Hähnchengyros mit den Zwiebeln mischen und das Dressing und die Fetawürfel darübergeben. Gut durchmischen und 2 Stunden im Kühlschrank ziehen lassen. Schmeckt durchgezogen in Zimmertemperatur superlecker. Macht etwas Aufwand, aber der lohnt sich. Der Salat nimmt auch 1–2 Tage im Kühlschrank nicht übel und wird nur besser.

**Nährwerte pro Portion/Person:**
Kalorien: 497, Fett: 28,8 g, Kohlenhydrate: 19,4 g, Eiweiß: 38,2 g

Ich kann nichts dazu.
Ich liebe Gyros in allen Varianten …

# Pulled Stremellachs auf buntem Salat

2 Portionen

Unspektakulär in der Herstellung, aber sowas von lecker

**Für das Salatdressing:**
150 g Griechischer Joghurt, 10 % Fett
25 g Sahne-Meerrettich
1 TL heller Balsamico-Essig
15 ml Olivenöl, nativ extra
2 TL Dill, frisch oder TK
Salz und Pfeffer

**Für den Pulled Stremellachs:**
250 g Stremellachs (heißgeräucherter Lachs), mit den Fingern in kleine Stücke zerteilen
50 ml Ketchup, zuckerfrei
15 ml Sriracha-Soße

**Für den bunten Salat:**
150 g Romana-Salat-Herzen, kleingeschnitten
150 g Kirsch-Tomaten, geviertelt
100 g rote Paprika, in Stücke geschnitten
100 g Snack-Gurken, in Scheiben geschnitten

Die Zutaten für das Salatdressing verrühren. Den zerkleinerten Stremellachs mit dem Ketchup und der Sriracha-Soße mischen. Den Salat anrichten und mit dem Dressing beträufeln. Den Pulled Stremellachs auf dem Salat verteilen.

**Nährwerte pro Portion/Person:**
Kalorien: 603, Fett: 45,6 g, Kohlenhydrate: 15,7 g, Eiweiß: 32,6 g

# Zigeunermettis

Hier kommt meine Weiterentwicklung des Mett-Igels

**2 Portionen**

250 g Schweinemett, vom Metzger bereits gewürzt
2 EL Ajvar, scharf
1 EL Frischkäse
50 g rote Zwiebel, fein gewürfelt
Salz und Pfeffer
600g rote Paprika, in Schälchen zerteilt (gedrittelt oder geviertelt je nach Form)

Das Schweinemett mit dem Ajvar und dem Frischkäse gut vermischen. Die Hälfte der Zwiebel mit ins Mett geben. Mit Salz und Pfeffer abschmecken. Die Fleischmischung in die Paprikaschalen füllen und den Rest der Zwiebel darüberstreuen.

**Nährwerte pro Portion/Person:**
Kalorien: 483, Fett: 29,4 g, Kohlenhydrate: 22,8 g, Eiweiß: 25,9 g

# Madras-Hähnchen-Salat

2 Portionen

**Für das Salatdressing:**
150 g Griechischer Joghurt, 10 % Fett
25 g TK-Mango, aufgetaut, in feine Stücke geschnitten
15 ml heller Balsamico-Essig
1 TL Curry
Salz und Pfeffer

**Für die Salatmischung:**
150 g Mini-Romanasalate, kleingeschnitten
100 g rote Paprika, in Streifen geschnitten
150 g Kirschtomaten, halbiert
150 g Landgurke, entkernt und in Stücke geschnitten

**Für das Hähnchen-Curry:**
10 g Kokosöl, zum Braten
60 g rote Zwiebel, gehackt
250 g Hähnchenbrust, fein gewürfelt
20 g Madras-Currypaste (alternativ gelbe Currypaste)
40 g Kokosmus
10 g Kokosraspel

Die Zutaten für das Salatdressing verrühren und das Dressing mit Salz und Pfeffer abschmecken.

Die Zutaten für den bunten Salat mischen und in 2 Schalen anrichten.

Das Kokosöl in einer Pfanne erhitzen. Die Zwiebelstücke glasig andünsten und dann das Hähnchenfleisch zufü-

*Bollywood-Feeling in der Salatschüssel ...*

gen. So lange braten, bis die Hähnchenstücke komplett gar sind. Das dauert je nach Stärke 3–5 Minuten. Nun noch die Currypaste zufügen und auch diese kurz mit anschwitzen. Als letztes das Kokosmus und die Kokosraspel zufügen und alles gut durchmischen. Mit Salz und Pfeffer abschmecken.

Das würzige Hähnchen-Curry über dem Salat verteilen und das Salatdressing darübergeben.

**Nährwerte pro Portion/Person:**
Kalorien: 541, Fett: 32,9 g, Kohlenhydrate: 20,0 g, Eiweiß: 37,6 g

# Lauwarmer Garnelensalat mit grünem Spargel

2 Portionen

**Für den Ofen:**
250 g grüner Spargel, die Enden leicht geschält, in mundgerechte Stücke geschnitten
250 g Süßkartoffel, in 1 cm große Würfel geschnitten (alternativ Butternut Kürbis)
150 g rote Paprika, in Würfel geschnitten
20 ml Olivenöl, nativ extra
200 g Garnelen, roh, bereits geschält
½ TL Paprikapulver, rosenscharf
½ TL Curry
15 ml Olivenöl, nativ extra
Salz und Pfeffer

*Ein wenig kulinarische Dekadenz muss sein …*

**Für die Salatbasis:**
100 g Romanasalat, in Streifen geschnitten
150 g Kirschtomaten, halbiert

**Für das Salatdressing:**
25 g rote Zwiebel, in feine Würfel geschnitten
30 ml Olivenöl, nativ extra
15 ml Limettensaft, frisch gepresst
½ TL Paprikapulver, rosenscharf
½ TL Curry
2 TL Erythrit
Salz und Pfeffer

Den Backofen auf 175 Grad Umluft vorheizen.

Die Spargelstücke, die Süßkartoffelwürfel und die Paprikawürfel mit 20 ml Olivenöl mischen und mit Salz und Pfeffer würzen. Auf ein mit Backpapier vorbereitetes Blech geben und für

15 Minuten backen. Die Garnelen mit Curry, Paprikapulver, etwas Olivenöl und Salz und Pfeffer mischen. Nach den 15 Minuten Ofenzeit das Gemüse an den Rand des Blechs schieben und die Garnelen in der Mitte verteilen. Für 8–10 Minuten erneut zurück in den Ofen mit dem Blech. Anschließend leicht abkühlen lassen und in der Zwischenzeit das Dressing mit dem Schneebesen anrühren.

Den Romanasalat und die Kirschtomaten mit dem lauwarmen Ofengemüse und den Garnelen mischen und das Dressing unterheben.

**Nährwerte pro Portion/Person:**
Kalorien: 530, Fett: 31,7 g, Kohlenhydrate: 37,7 g, Eiweiß: 23,4 g

# Melonensalat mit Mozzarella und Schinken

2 Portionen

**Für das Dressing:**
25 ml Olivenöl, nativ extra
15 ml heller Balsamico-Essig
1 TL Kräuter der Provence, getrocknet
Salz und Pfeffer

150 g Romanasalat, in Streifen geschnitten
100 g rote Paprika, in Würfel geschnitten
400 g Charentais-Melone (alternativ Cantaloupe-Melone), in Würfel geschnitten
100 g Serrano-Schinken, die Scheiben in Stücke zerrissen
125 g Mozzarella-Minikugeln, fettarm, halbiert
25 g Pinienkerne, ohne Fett in der Pfanne geröstet

Das Dressing mit einem Schneebesen anrühren und etwa 3 Minuten stehen lassen. Die getrockneten Kräuter nehmen Öl auf und werden weich.

Die Zutaten für den Salat mischen und zum Schluss das Dressing untermischen. Mit den gerösteten Pinienkernen bestreuen.

**Nährwerte pro Portion/Person:**
Kalorien: 509, Fett: 30,8 g, Kohlenhydrate: 24,9 g, Eiweiß: 31,0 g

Frisch, fruchtig und mit ganz viel Geschmack …

# Es darf genascht und geknabbert werden

Gehören Sie auch zu den Naschkatzen? Was war ich früher eine gemeine Nutellaglaslöfflerin, und so ganz wollte ich diese Schweinerei auch nicht missen. Ehrlich gesagt käme eine Ernährungsumstellung, bei der nicht auch gelegentlich eine süße Leckerei auf dem Speiseplan steht, für mich nicht in Frage. Wohl allen Asketikern, aber ich gehöre nicht dazu und will das auch nicht. Daher hier 10 Rezepte, die die sporadisch auftretende Lust auf Süßigkeiten befriedigen und auch die Freunde der herzhaften Knabbereien glücklich macht.

# Apple Crumble mit Vanillesahne

**4 Portionen**

300 g Apfel, säuerlich, geschält, ohne Kerngehäuse in Stücke geschnitten
15 ml Zitronensaft, frisch gepresst
2 TL Stevia-Streupulver mit Erythrit
¼ TL Zimt, gemahlen

**Für die Streusel:**
75 g Butter, weich
40 g Erythrit
2 TL Stevia-Streupulver mit Erythrit
2 Eigelb, Größe M
½ TL Bourbon-Vanille, gemahlen
75 g Macadamianüsse, gemahlen (alternativ blanchierte Mandeln)
50 g Kokosmehl
½ TL Backpulver

**Für das Vanillesahne-Topping:**
250 g Sahne
15 g Eiweißpulver, Vanille
½ TL Bourbon-Vanille, gemahlen
2 TL Stevia-Streupulver mit Erythrit

Den Backofen auf 165 Grad Umluft vorheizen.

Die Apfelstücke mit dem Zitronensaft, dem Stevia-Streupulver und dem Zimt mischen. In eine Auflaufform geben und für 20 Minuten in den Ofen stellen.

Für die Streusel die weiche Butter mit den Süßmitteln und den Eigelben verrühren. Dann die trockenen Zutaten untermischen, bis sich eine streuselige Masse ergibt.

Wenn der Apfel vorgebacken ist, dann die Streuselmischung auf den heißen Äpfeln verteilen und zurück in den Ofen für 25 Minuten. Wenn die Streusel zu dunkel werden, dann mit Alufolie abdecken.

In der Zwischenzeit die Sahne aufschlagen, bis diese steif ist und am Ende das Eiweißpulver, die Vanille und die Süßmittel hinzufügen.

Den Apple Crumble aus dem Ofen holen und gemeinsam mit der Vanillesahne anrichten.

**Nährwerte pro Portion/Person:**
Kalorien: 589, Fett: 53,2 g, Kohlenhydrate: 13,0 g, Eiweiß: 10,3 g

# Low-Carb-Nutsella

Nicht nur aus dem Glas ein Traum …

**Ergibt etwa 200 g Schoko-Nuss-Creme.**

50 g Butter, weich
125 g Haselnussmus
25 g Kakaopulver
4 TL Stevia-Streupulver mit Erythrit
½ TL Bourbon-Vanille, gemahlen

Die Butter mit dem Haselnussmus vermischen und den Kakao und die Süßmittel unterrühren. In einem Glas im Kühlschrank aufbewahren.

**Nährwerte je 100 g Schoko-Nuss-Creme:**
Kalorien: 672, Fett: 63,2 g, Kohlenhydrate: 9,2 g, Eiweiß: 12,8 g

# Low-Carb-Bounty

**Ergibt 18 Stück**

225 g Kokosraspel
250 ml Kokosmilch
10 ml Rum oder 2 Tropfen Rum-Aroma
60 g Eiweißpulver, Vanille
10 g Stevia-Streupulver mit Erythrit
15 Tropfen Stevia-Kokosnuss-Tropfen (oder weitere 10 g Stevia-Streupulver mit Erythrit)
150 g Bitter-Schokolade, 85 % Kakao
5 g Kokosöl

Die Kokosraspel mit der Kokosmilch, dem Rum, dem Eiweißpulver und den Süßmitteln mischen. Dann die Masse mit der Hand wie Bountys formen. Auf ein mit Backpapier belegtes Blech legen und für 2 Stunden kalt stellen.

Die Schokolade mit dem Kokosöl im Wasserbad erwärmen. Die Kokosriegel drehen und die Unterseite mit der geschmolzenen Schokolade bestreichen. Ich habe dazu einen Silikon-Pinsel verwendet. Abkühlen lassen und dann drehen. Nun oben und die Seiten mit Schokolade bepinseln. Einige Kokosflocken auf den Bountys verteilen. Dann wieder kalt stellen und später im Kühlschrank aufbewahren.

**Nährwerte pro Stück:**
Kalorien: 174, Fett: 14,9 g, Kohlenhydrate: 3,1 g, Eiweiß: 4,8 g

Karibik-Feeling in der entlegensten Hütte …

# Kokos-Vanille-Eis

**3 Portionen**

200 ml Kokosmilch, gut gekühlt
100 ml Sahne, gut gekühlt
30 g Eiweißpulver, Vanille
50 g Puder-Erythrit
½ TL Bourbon-Vanille, gemahlen
25 g Kokosraspel

In einem Mixer alle Zutaten, außer den Kokosraspeln, auf einen Schlag schaumig mixen.

Die Mischung in die Eismaschine geben und entsprechend der Anleitung arbeiten lassen. Die Kokosraspel nach und nach zufügen. Die Maschine so lange arbeiten lassen, bis das Eis schön cremig ist und dann genießen.

**Nährwerte pro Portion/Person:**
Kalorien: 313, Fett: 28,5 g, Kohlenhydrate: 3,5 g, Eiweiß: 10,4 g

Ganz ohne Schokolade …

# Low-Carb-Fruchtzwerge

Da bin ich gerne wieder kulinarisch Kind …

**3 Portionen**

200 g Ricotta (italienischer Frischkäse)
100 g Frischkäse
50 g TK-Mango, ungezuckert und
100 g TK-Sauerkirschen, ungezuckert (beides in einem Sieb antauen lassen, damit das überschüssige Wasser abtropfen kann)
3–4 TL Stevia-Streupulver mit Erythrit (Süße nach persönlichem Geschmack)

Alle Zutaten in einen Mixer geben und zu einer Creme verarbeiten.

**Nährwerte pro Portion/Person:**
Kalorien: 232, Fett: 17,4 g, Kohlenhydrate: 9,9 g, Eiweiß: 7,7 g

# Low-Carb-Eton-Mess

**3 Portionen**

250 ml Sahne, steif geschlagen
25 g Low-Carb-Baiser, in Stücke gehackt (Rezept Seite 211)
400 g Erdbeeren, in Stücke geschnitten
1–2 TL Stevia-Streupulver mit Erythrit
100 g Erdbeeren, geviertelt

Die Hälfte der Erdbeerstücke mit dem Stevia-Streupulver pürieren und die restlichen Erdbeerstücke hinzufügen. Unter die geschlagene Sahne das zerbröselte Baiser heben.

In einer Schale die Sahnemischung und die Erdbeersoße schichten. Dann noch mit den frischen Erdbeeren dekorieren.

**Nährwerte pro Portion/Person:**
Kalorien: 304, Fett: 25,7 g, Kohlenhydrate: 11,8 g, Eiweiß: 5,0 g

Da würde sich selbst die Queen die Finger abschlecken …

# Low-Carb-Baiser

**Ergibt etwa 75 Gramm fertiges Baiser**

4 Eiweiß kalt, steif geschlagen
50 g Puder-Erythrit
10 g Stevia-Streupulver mit Erythrit

Den Backofen auf 90 Grad Umluft aufheizen. Ein Blech mit Backpapier vorbereiten.

Unter den Eischnee die Süßmittel schlagen und diese mit einer Tülle schön in Form, oder mit Hilfe eines Löffels als Häufchen auf das Blech geben. Dann 90 Minuten im Ofen trocken lassen. Die Tür des Backofens während des Trockenvorgangs mehrfach kurz öffnen, um die Feuchtigkeit entweichen zu lassen.

**Nährwerte für 25 g Baiser:**
Kalorien: 21, Fett: 0,0 g, Kohlenhydrate: 0,3 g, Eiweiß: 4,9 g

Einfach gemacht ist das süße Baiser die Basis für verschiedene Leckereien …

# After-Nine-Cream

Hallo, 9 Uhr? Da ist doch die Zeitverschiebung …

**2 Portionen**

3 Eiweiß, Größe L, kalt steifgeschlagen
30 g Puder-Erythrit
10 g Stevia-Streupulver mit Erythrit
30 g Eiweißpulver, Vanille
50 g Schokolade, 85 % Kakao, gehackt
1–2 TL Pfefferminz-Extrakt (alternativ einige Tropfen zum Verzehr geeignetes Pfefferminzöl) nach Geschmack zugeben

Die gehackte Bitter-Schokolade mit dem Pfefferminz-Extrakt in einem Schälchen vermengen. Das Puder-Erythrit und das Stevia-Streupulver mit dem Eiweißpulver ebenfalls vorweg in einem kleinen Behältnis mischen. Anschließend die Pulvermischung in den steifen Eischnee schlagen. Zum Schluss noch vorsichtig die gehackte Bitterschokolade mit dem Minzextrakt unterheben und very British genießen.

**Nährwerte pro Portion/Person:**
Kalorien: 241, Fett: 13,5 g, Kohlenhydrate: 6,1 g, Eiweiß: 21,4 g

# Schoko-Kirsch-Trifle

**6 Portionen**

**Für die Schokobrösel:**
50 g Butter, geschmolzen
50 g Erythrit
2 TL Stevia-Streupulver mit Erythrit
2 Eier, Größe M
100 ml Milch
25 g Kokosmehl
25 g Mandelmehl, entölt
35 g Eiweißpulver, Schokolade
15 g Kakaopulver
1 TL Backpulver

Die Butter mit den Süßmitteln und den Eiern aufschlagen. Die trockenen Zutaten mischen und esslöffelweise unterrühren. Den Teig in eine gefettete Springform mit 18 cm Durchmesser geben und für 30–35 Minuten backen. Abkühlen lassen und mit einem Messer hacken.

**Für das Kirschkompott:**
600 g TK-Sauerkirschen, aufkochen
75 g Gelier-Xucker 3:1 unterrühren und 4 Minuten kochen,
anschließend mit dem Pürierstab grob zerkleinern und abkühlen lassen

**Für die Sahnecreme:**
500 ml Sahne, steif schlagen und
3–4 TL Stevia-Streupulver und
¼ TL gemahlene Bourbon-Vanille hinzufügen

In einer großen Glasschale oder Dessertgläsern jeweils abwechselnd von den Schokoladenbröseln, der Sahne und dem Kirschkompott schichten. Abschließen mit Sahne und einigen Krümeln. Mehrere Stunden im Kühlschrank durchziehen lassen.

**Nährwerte pro Portion/Person:**
Kalorien: 488, Fett: 35,5 g, Kohlenhydrate: 22,2 g, Eiweiß: 14,3 g

*Ein Nachtisch, der mit etwas Alkohol auch zur Schwarzwälder Kirsch wird …*

# Johannisbeer-Pfirsich-Marmelade

**1 Glas Marmelade mit etwa 350 g (ergibt etwa 35-mal Brotaufstrich à 10g)**

200 g Johannisbeeren, rot, vom Stiel gezupft
100 g Pfirsich, kleingeschnitten
15 ml Zitronensaft, frisch gepresst
100 g Gelier-Xucker, 3:1

In einem Topf das Obst mit dem Zitronensaft geben und alles gemeinsam erhitzen. Mit dem Pürierstab so fein machen, wie es dem persönlichen Geschmack gefällt. Dann den Gelier-Xucker hinzufügen und 5 Minuten ordentlich kochen lassen. Zum Schluss heiß in ein Marmeladenglas füllen und das direkt verschließen.

**Nährwerte pro 100 g:**
Kalorien: 102, Fett: 0,2 g, Kohlenhydrate: 22,1 g, Eiweiß: 1,0 g

Den Sommer im Glas einfangen ...

# Pizza-Kräcker

**Ergibt 175 g Kräcker / 7 Portionen à 25 Gramm**

100 ml warmes Wasser
50 g Mandelmehl, nicht entölt (alternativ gemahlene blanchierte Mandeln)
25 g Goldleinsamen, geschrotet
25 g Chia-Samen
35 g Kürbiskerne, gehackt
10 g Flohsamenschalen
3 TL Pizzagewürz oder Oregano, getrocknet
1 TL Salz
30 g Parmesan, fein gerieben

Den Backofen auf 100 Grad Umluft vorheizen. Ein Backblech mit Backpapier belegen.

Die Zutaten zu einem Teig vermischen. Dünn auf dem Backpapier ausrollen. Die Pizza-Kräcker für 60 Minuten in den Ofen schieben. Dann mit dem Pizza-Schneider in Stücke schneiden und die Stücke drehen und auf dem Blech verteilen. Erneut für weitere 60 Minuten backen.

Während der Backzeit mehrfach die Backofentüre öffnen, um etwas Feuchtigkeit aus dem Ofen zu lassen. Abkühlen lassen und dann wegknuspern.

**Nährwerte pro 25 g Kräcker:**
Kalorien: 131, Fett: 10,1 g, Kohlenhydrate: 1,4 g, Eiweiß: 6,4 g

*Die knabbern sich schneller weg, als einem lieb ist ...*

# Herzhaft aus dem Ofenrohr

Brot ist ein Kulturgut und von klein auf Bestandteil unserer Ernährung. »Unser täglich Brot gib uns heute«, sag ich da nur. Das Vorurteil, dass bei der Low-Carb-Ernährung Brot auf der bösen Liste mit den Verboten steht, hält sich hartnäckig. So ein Unsinn, denn geht nicht gibt es fast nicht. Ob Brot, Brötchen oder Quiche und Co, gelegentlich ein Muss und Happy Carb auch Low Carb ein Genuss. Hier kommen 15 tolle Ideen für herzhafte Backträume, die ganz klar das Gegenteil beweisen. Also, rein in die Schürze und schnell den Ofen vorheizen.

# Low-Carb-Macadamia-Kartoffelbrot

**1 kleine Kastenform von ca. 20 cm Länge/ergibt etwa 16 Scheiben**

400 g Skyr (alternativ Quark und Joghurt gemischt)
4 Eier, Größe L
75 g Haferkleie
15 g Flohsamenschalen
50 g Eiweißpulver, Natural
40 g Kartoffelfasern
50 g Macadamiamehl, teilentölt (alternativ Mandelmehl, entölt und Mandelmehl, nicht entölt gemischt)
75 g Macadamias, geröstet, gesalzen, mit einem Messer fein gehackt
3 TL Backpulver
1 TL Salz
1 EL heller Balsamico-Essig

Den Backofen auf 175 Grad Umluft vorheizen.

Alle Zutaten mit der Küchenmaschine oder dem Rührgerät auf einen Schlag verrühren und den Teig in eine mit Backpapier ausgekleidete kleine Kastenform geben.

Für 50–60 Minuten in den Ofen. Nach dem Abkühlen im Kühlschrank aufbewahren. Das Brot lässt sich auch scheibchenweise gut einfrieren und nach dem Auftauen im Toaster aufbacken.

**Nährwerte pro Scheibe:**
Kalorien: 121, Fett: 6,4 g, Kohlenhydrate: 5,0 g, Eiweiß: 9,2 g 15.1

Macadamia und Kartoffel harmonieren perfekt ...

# Steckrüben-Kartoffel-Pizza mit Schinken

4 Portionen

**Für die Tomatensoße:**
10 ml Olivenöl, nativ extra
50 g Zwiebel, in Würfel geschnitten
75 g Staudensellerie, gewürfelt
400 ml geschälte Tomaten, aus der Dose
25 g Tomatenmark, einfach konzentriert (andere Konzentration, Menge anpassen)
1 TL heller Balsamico-Essig
1 TL Erythrit
Salz und Pfeffer

In einem kleinen Topf das Olivenöl erhitzen und die Zwiebelwürfel glasig dünsten. Den Staudensellerie hinzufügen und ebenfalls kurz braten. Mit den geschälten Tomaten ablöschen und noch das Tomatenmark und den Essig hinzufügen. Für 30 Minuten ohne Deckel kochen lassen und dann mit dem Pürierstab zerkleinern. Mit Salz und Pfeffer abschmecken.

**Für den soften Pizzateig:**
10 ml Olivenöl, nativ extra
75 g Zwiebel, fein gehackt
1 Zehe Knoblauch, fein gehackt
500 g Steckrübe, in Würfel in Gemüsebrühe 8–10 Minuten vorgekocht, abgegossen und abgekühlt
2 Eier, Größe L
125 g Manchego-Käse, gerieben
2 TL Oregano, getrocknet
15 g Kartoffelfasern
15 g Flohsamenschalen
Salz und Pfeffer

Den Backofen auf 180 Grad Umluft vorheizen

In einem kleinen Topf das Olivenöl erhitzen und die Zwiebelwürfel glasig dünsten. Dann den Knoblauch zufügen und ebenfalls für 1–2 Minuten braten.

Die weichen Steckrübenwürfel in eine große Schüssel geben. Zwiebel und Knoblauch hinzufügen. Die Mischung mit dem Pürierstab fein pürieren. Nun die Eier, den geriebenen Manchego unterrühren und mit Salz und Pfeffer würzen. Den Oregano, die Kartoffelfasern und die Flohsamenschalen untermischen und den Teig auf ein mit Backpapier ausgelegtes Blech gleichmäßig bis in die Ecken streichen. Für 20 Minuten im Ofen backen.

**Für den Pizzabelag:**
100 g rote Zwiebel, in Ringe geschnitten
100 g orangene Paprika, in Streifen geschnitten
150 g gekochter Schinken, in Scheiben, in Stücke geschnitten
75 g Manchego-Käse, grob gerieben

Den vorgebackenen Teig mit der vorgefertigten Tomatensoße bestreichen und dann den Belag verteilen. Zum Schluss mit dem Manchego-Käse bestreuen. Für weitere 15 Minuten in den Ofen schieben und backen.

**Nährwerte pro Portion/Person:**
Kalorien: 390, Fett: 21,5 g,
Kohlenhydrate: 17,2 g, Eiweiß: 28,2 g

*Steckrübe ist ein echter Tausendsassa …*

# Röstgemüsequiche

**8 Stücke/4 Portionen**

**Für die Quiche-Füllung:**
150 g Hokkaido-Kürbis, in Spalten geschnitten
125 g Möhren, geschält und längs halbiert
150 g rote Paprika, längs in 8 Streifen geschnitten
125 g rote Zwiebel, in dickere Ringe geschnitten
150 g kleine Zucchini, längs geviertelt
15 ml Olivenöl, nativ extra
150 g Ziegenfrischkäse
3 Eier, Größe M, verquirlt und mit Salz und Pfeffer kräftig gewürzt
1 TL Thymian, getrocknet
Salz und Pfeffer

**Für den Quiche-Boden:**
80 g Mandelmehl, nicht entölt
95 g Haferkleie
1 TL Salz
½ TL Backpulver
200 g Magerquark
1 Ei, Größe M
30 ml Olivenöl, nativ extra

Backofen bei 180 Grad Umluft vorheizen.

Das Gemüse in eine Ofenform geben und mit etwas Olivenöl für 20 Minuten rösten. Dann rausholen und stehen lassen.

Die Zutaten für den Teig auf einen Schlag vermischen und für einige Minuten quellen lassen. Eine Quicheform oder eine Backform (25–26 cm Durchmesser) mit Backpapier auslegen und den Rand fetten. Anschließend den Teig auf dem Boden und am Rand der Form mehrere Zentimeter hoch verteilen. Den Boden der Quiche nun für 18–20 Minuten in den Ofen zum Vorbacken.

In der Zwischenzeit den Ziegenfrischkäse mit den Eiern gemeinsam cremig mixen. Mit Salz und Pfeffer würzen und den Thymian hinzufügen. Den vorgebackenen Teigboden aus dem Ofen holen und die Frischkäse-Ei-Mischung hineingießen. Dann das geröstete Gemüse auf dem Boden verteilen und erneut für 30 Minuten im Ofen backen. Den Röstgemüsequiche vorsichtig aus der Form lösen und genießen.

**Nährwerte pro Stück:**
Kalorien: 265, Fett: 16,5 g, Kohlenhydrate: 14,8 g, Eiweiß: 12,6 g

*Gemüse entwickelt beim Rösten im Backofen einen tollen Geschmack....*

# Kürbis-Bacon-Vesperbrötchen

**5 Stück**

300 g Butternut-Kürbis, grob geraspelt
2 Eier, Größe L
150 g Bacon, in Würfel geschnitten
65 g Haferkleie
40 g Eiweißpulver, Natural
40 g Gold-Leinsamenmehl, entölt
15 g Traubenkernmehl
1 TL Guarkernmehl
½ TL Salz
1 TL Backpulver
30 g Kürbiskerne

Den Backofen auf 175 Grad Umluft vorheizen.

Aus allen Zutaten gemeinsam einen Teig herstellen. Ein Backblech mit Backpapier belegen und dann aus dem Teig 5 Brötchen formen. Für 40 Minuten backen.

**Nährwerte pro Brötchen:**
Kalorien: 296, Fett: 14,8 g, Kohlenhydrate: 14,0 g, Eiweiß: 23,1 g

Mein Retter auf hungrigen Ausflügen ...

# Easy-Low-Carb-Brötchen

Ein lockeres Allround-Brötchen, das geschmacklich zu allem passt …

**6 Brötchen**

200 ml Mineralwasser, mit Kohlensäure
2 Eier, Größe M
65 g Haferkleie
45 g Eiweißpulver, Natural
45 g Gold-Leinsamenmehl, entölt
15 g Flohsamenschalen
1 TL Salz
1,5 TL Backpulver

Den Backofen auf 175 Grad Umluft vorheizen.

Alle Zutaten auf einen Schlag in eine Rührschüssel geben und vermengen. 5 Minuten stehen und quellen lassen. Dann mit den Händen 6 Brötchen formen und auf ein mit Backpapier belegtes Backblech legen. Kreuzweise einschneiden. Für 25–30 Minuten backen.

**Nährwerte pro Brötchen:**
Kalorien: 121, Fett: 3,4 g,
Kohlenhydrate: 6,5 g, Eiweiß: 12,8 g

# Erdbeer-Camembert-Schnittchen

2 Portionen

Käse und Frucht sind einfach eine tolle Mischung …

**Für die Brotschnitten:**
150 ml Mineralwasser, mit Kohlensäure
2 Eier, Größe M
45 g Haferkleie
30 g Eiweißpulver, Natural
35 g Macadamiamehl, teilentölt (alternativ Mandelmehl, entölt und Mandelmehl, nicht entölt gemischt)
15 g Flohsamenschalen
½ TL Salz
¾ TL Backpulver

**Für den Belag:**
150 g Camembert, 45 % Fett, in 16 Scheiben geschnitten
80 g Erdbeeren, in Scheiben geschnitten

Den Backofen auf 175 Grad Umluft vorheizen.

Die Zutaten für die Brotschnitten auf einen Schlag zu einem Teig rühren und diesen in eine Brownies-Form aus Silikon füllen. Ergibt 8 Stück. Dann für 20–25 Minuten backen und abkühlen lassen.

Die Brotschnitten längs halbieren. Die Schnittfläche auftoasten. Darauf den Camembert legen und die Schnitten auf ein mit Backpapier belegtes Blech legen. Für 6–8 Minuten in den Ofen schieben. Nun aus dem Ofen nehmen und die Erdbeerscheiben auf den Käseschnitten verteilen. So für weitere 2–3 Minuten im Ofen backen und warm genießen.

**Nährwerte pro Brötchen:**
Kalorien: 522, Fett: 28,8 g, Kohlenhydrate: 19,7 g, Eiweiß: 42,7 g

# Low-Carb-Mischbrot

**1 kleines Kastenbrot mit 20 cm Länge/ergibt etwa 16 Scheiben**

250 ml Mineralwasser, mit Kohlensäure
3 Eier Größe M
45 g Mandelmehl, entölt
40 g Kokosmehl
75 g Eiweißpulver, Natural
50 g Gold-Leinsamenmehl, entölt (alternativ Leinsamenmehl, entölt, oder Walnussmehl, entölt, dann wird das Brot dunkler und herzhafter im Geschmack)
30 g Flohsamenschalen
15 ml Apfelessig
2 TL Backpulver
1 TL Salz
2 TL Brotgewürz

Alle Zutaten auf einen Schlag zu einem Teig verarbeiten und diesen in eine mit Backpapier ausgelegte Kastenform füllen. Den Teig in der Form einmal längs 1 cm tief einschneiden und dann für 50–55 Minuten backen.

**Nährwerte pro Scheibe:**
Kalorien: 67, Fett: 2,1 g, Kohlenhydrate: 1,2 g,
Eiweiß: 8,4 g

Ein leckeres glutenfreies Brot wurde gewünscht …

# Low-Carb-Laugenbrötchen

**5 Brötchen**

**Für die Laugenbrötchen:**
100 ml warmes Wasser
5 g Kokosblütenzucker (alternativ normaler Haushaltszucker)
5 g Trockenhefe
100 g Joghurt, 3,5 % Fett
10 ml Apfelessig
1 Ei, Größe M
65 g Eiweißpulver, Natural
25 g Kokosmehl
25 g Flohsamenschalen
2 TL Backpulver
1 TL Salz

**Für die Natronlauge:**
500 ml heißes Wasser
3 TL Natron
etwas grobes Salz zum Bestreuen

Meine Sehnsucht nach Laugenbrötchen war groß …

Den Backofen auf 175 Grad Umluft vorheizen. Ein Backblech mit Backpapier belegen. Im warmen Wasser den Kokosblütenzucker auflösen und die Trockenhefe unterrühren. Für 10–15 Minuten stehen lassen. Alle Zutaten (einschließlich dem Hefewasser) auf einen Schlag zu einem Teig verarbeiten. Für 5 Minuten quellen lassen. Dann mit den Händen 5 Brötchen formen. In eine schmale hohe Schüssel 500 ml heißes Wasser geben und das Natron darin auflösen. In dem Natronwasser jedes Brötchen für 30 Sekunden schwimmen lassen. Mehrfach drehen, damit alle Seiten benetzt werden. Anschließend die Brötchen auf das Backblech legen. Die Laugenbrötchen kreuzweise einschneiden und mit grobem Salz bestreuen. Für 30 Minuten im Ofen backen.

**Nährwerte pro Brötchen:**
Kalorien: 106, Fett: 2,8 g, Kohlenhydrate: 3,5 g, Eiweiß: 14,6 g

# Tomaten-Macadamia-Baguette

**2 Baguettes/5 Portionen als Beilagenbrot**

Das perfekte Baguette aus dem Hause Tellerputzer ...

200 ml Mineralwasser, mit Kohlensäure
2 Eier, Größe M
65 g Haferkleie
45 g Eiweißpulver, Natural
45 g Gold-Leinsamenmehl, entölt
15 g Flohsamenschalen
35 g weiche, getrocknete Tomaten (nicht die in Öl), kleingeschnitten
50 g Macadamias, gesalzen, geröstet, mit dem Messer grob gehackt
½ TL Salz
1,5 TL Backpulver

Den Backofen auf 175 Grad Umluft vorheizen.

Alle Zutaten auf einen Schlag in eine Rührschüssel geben und vermengen. 5 Minuten stehen und anziehen lassen. Dann den Teig als Baguettes formen und aufs Blech legen. Am besten ein spezielles Baguette-Blech verwenden, dann bekommt das Brot gleich die richtige Form und die kleinen Noppen an auf der Unterseite. Den Teig schräg mehrfach einschneiden. Für 30 Minuten backen.

**Nährwerte pro Portion:**
Kalorien: 236, Fett: 12,3 g,
Kohlenhydrate: 10,1 g,
Eiweiß: 16,8 g

# Lauch-Möhren-Quiche

**8 Stücke / 4 Portionen**

Wohlfühlküche, wie ich sie am liebsten mag ...

**Für den Quicheboden:**
80 g Mandelmehl, nicht entölt
95 g Haferkleie
1 TL Salz
½ TL Backpulver
200 g Magerquark
1 Ei, Größe M
30 ml Olivenöl, nativ extra

**Für die Füllung:**
85 g Zwiebel, in Würfel geschnitten
15 ml Olivenöl, nativ extra
150 g Möhren, in kleine Würfel geschnitten
350 g Lauch, in schmale Ringe geschnitten
150 g gekochter Schinken, gewürfelt
200 g Schmand, 20 % Fett
2 Eier, Größe M, verquirlt und mit Salz, Pfeffer und Cayenne kräftig gewürzt
75 g Gruyère Käse, fein gerieben

Backofen bei 180 Grad Umluft vorheizen.

Die Zutaten für den Teig mit einem Rührgerät oder Küchenmaschine vermischen und erst mal stehen lassen. Die Haferkleie quillt noch etwa aus und der Teig bekommt dabei eine gute Konsistenz.

Die Zwiebelwürfel in etwas Olivenöl glasig dünsten und Möhrenwürfel und Lauchringe beifügen. Halb gar braten und leicht abkühlen lassen. In einer Schüssel das gebratene Gemüse und die restlichen Zutaten der Füllung vermischen und kräftig abschmecken.

Eine Quicheform oder eine Springbackform (25–26 cm Durchmesser) fetten bzw. mit Backpapier auslegen und den Teig auf dem Boden und am Rand mehrere Zentimeter hoch verteilen. Dann die Form mit Teig für 15–20 Minuten in den Ofen zum Vorbacken.

Die Backform aus dem Ofen holen und die Füllung hineingeben. Anschließend erneut für 30 Minuten ab in den Ofen. Die Lauch-Möhren-Quiche vorsichtig aus der Form lösen und genießen.

**Nährwerte pro Stück:**
Kalorien: 322, Fett: 22,6 g, Kohlenhydrate: 12,7 g, Eiweiß: 15,8 g

# Kartöpfelchen

Schmausige Kartoffelbrötchen ...

**5 Brötchen**

200 ml Dickmilch
2 Eier, Größe M
65 g Haferkleie
45 g Eiweißpulver, Natural
25 g Kartoffelfasern
15 g Flohsamenschalen
1 TL Salz
1 TL Erythrit
1,5 TL Backpulver

Den Backofen auf 175 Grad Umluft vorheizen.

Alle Zutaten auf einen Schlag in eine Rührschüssel geben und vermengen. Den Teig 5 Minuten stehen und quellen lassen. Dann mit den Händen 5 Brötchen formen und auf ein mit Backpapier belegtes Backblech legen. Kreuzweise einschneiden und mit etwas Kartoffelfasern bestreuen. Für 25–30 Minuten backen.

**Nährwerte pro Brötchen:**
Kalorien: 151, Fett: 4,6 g,
Kohlenhydrate: 10,1 g,
Eiweiß: 13,9 g

# Aktivbrot

**1 Kastenform von 20 (oder 24) cm Länge/ergibt etwa 16 Scheiben**

300 ml Mineralwasser, mit Kohlensäure
4 Eier, Größe M
125 g Haferkleie
75 g Eiweißpulver, Natural
65 g Kokosmehl
35 g Traubenkernmehl
50 g Goldleinsamen, geschrotet
40 g Kürbiskerne, zusätzlich einige Kerne zum Bestreuen
25 g Chia-Samen
25 g Hanfsamen, geschält
3 TL Backpulver
1,5 TL Salz
2 EL heller Balsamico-Essig
1 EL Brotgewürz

Den Backofen auf 175 Grad Umluft vorheizen

Alle Zutaten zu einem Teig verrühren und diesen in eine mit Backpapier ausgekleidete Kastenform geben. Noch mit einigen Kürbiskernen bestreuen. Für 60 Minuten in den Ofen stellen. Wenn das Brot zu dunkel wird, dann mit Alufolie schützen. Das Brot im Kühlschrank aufbewahren oder portionsweise einfrieren. Vor dem Verzehr auftoasten, dann schmeckt das Brot wieder wie frisch.

**Nährwerte pro Scheibe:**
Kalorien: 131, Fett: 5,6 g, Kohlenhydrate: 6,6 g, Eiweiß: 10,5 g

*Da steckt ordentlich was drin …*

# Ratatouille Schlemmerbaguette

Da kann das Bistro Oetker seine eigenen Sachen schön behalten ...

4 Portionen

**Für die Baguettes:**
200 ml Buttermilch
2 Eier, Größe M
50 g Haferkleie
20 g Flohsamenschalen
30 g Eiweißpulver, Natural
25 g Kokosmehl
35 g Walnussmehl, entölt (alternativ Leinsamenmehl, entölt)
1 TL Backpulver
1 TL Salz
1 TL Brotgewürz

**Für den Belag:**
2 EL Tomatenmark, einfach konzentriert
1 TL heller Balsamico-Essig
10 ml Olivenöl, nativ extra
Salz und Pfeffer

150 g Aubergine, in kleine Würfel geschnitten
85 g rote Zwiebel, in kleine Würfel geschnitten
100 g rote Spitzpaprika, in kleine Würfel geschnitten
150 g Zucchini, in kleine Würfel geschnitten
30 ml Olivenöl, nativ extra
2 EL Rosmarin, frisch, gehackt
Salz und Pfeffer
100 g Gouda, mittelalt, gerieben, zum Bestreuen

Den Backofen auf 175 Grad Umluft vorheizen.

Alle Zutaten für den Teig auf einen Schlag in eine Rührschüssel geben und zu einem Teig verrühren.

Den Teig einige Minuten quellen lassen und dann in Form von 2 baguetteartigen Fladen auf ein Blech mit Backpapier geben. Für 25–30 Minuten im Ofen backen und dann abkühlen lassen.

Das Gemüse in 30 ml Olivenöl abraten (mit den Auberginenwürfeln beginnen und dann den Rest zufügen). Mit Salz und Pfeffer würzen und den gehackten Rosmarin untermischen. Lauwarm abkühlen lassen.

Für den tomatigen Untergrund aus dem Tomatenmark, dem hellen Balsamico, 10 ml Olivenöl und Salz und Pfeffer eine Paste anrühren.

Das Brot längst halbieren und die Schnittseiten toasten oder kurz im Backofen anrösten. Darauf die Tomatenpaste streichen und darüber das geröstete Gemüse verteilen. Mit dem geriebenen Gouda bestreuen und für 20 Minuten im Ofen backen.

**Nährwerte pro Schlemmerbaguette:**
Kalorien: 409, Fett: 25,1 g, Kohlenhydrate: 17,1 g, Eiweiß: 24,9 g

# Pesto-Fächermuffins

Damit kann man Gäste beeindrucken …

**4 Fächermuffins**

60 g Mandelmehl, nicht entölt
30 g Kokosmehl
1 TL Salz
1 TL Backpulver
½ TL Guarkernmehl
50 g Butter
125 g Mozzarella, 45 % Fett, in kleine Würfel geschnitten
1 Ei, Größe L
60 g Basilikum-Pesto (Rezept Seite 235)

Den Backofen auf 175 Grad Umluft vorheizen.

Die trockenen Zutaten in einer Schüssel vermischen. Die Butter, die Mozzarellawürfel und das Ei in einen hohen schmalen Behälter geben und mit einem Pürierstab zu einem Brei pürieren. Die trockenen Zutaten esslöffelweise unterrühren. Am Ende den Teig in etwas Frischhaltefolie hüllen und für 1–2 Stunden im Kühlschrank kühlen.

Anschließend den Teig auf etwas Backpapier rechteckig ca. 1 cm ausrollen. Beim Ausrollen Frischhaltefolie zur Hilfe nehmen oder ein zweites Blatt Backpapier. Auf den ausgerollten Teig das Basilikum-Pesto streichen. Die Teigplatte nun längs in muffinbreite Streifen schneiden und diese vorsichtig übereinanderstapeln. In 8 Abschnitte schneiden und dann jeweils 2 Abschnitte übereinander packen und mit den Schnittflächen nach oben in Muffinförmchen stecken. Entweder Silikonformen nehmen oder bei Bedarf die Muffinform fetten. Jetzt nur noch für 25 Minuten goldbraun backen.

**Nährwerte pro Fächermuffin:**
Kalorien: 365, Fett: 32,4 g, Kohlenhydrate: 3,2 g, Eiweiß: 12,2 g

# Basilikum-Pesto

Da weiß man dann eben, was wirklich drin ist …

**1 Glas mit 175 g Pesto/7 Portionen à 25 g**

30 g frische Basilikum-Blätter
40 g Pinienkerne, ohne Fett in der Pfanne goldgelb geröstet
50 g Parmesan, gerieben
50 ml Olivenöl, nativ extra
2 frische große Knoblauchzehen, fein gehackt
1 TL Salz

Alle Zutaten in ein hohes Gefäß geben und mit dem Pürierstab zerkleinern.

Das Pesto kann auch super in größeren Mengen hergestellt werden und in kleinen Schraubgläsern eingefroren werden.

**Nährwerte pro Portion á 25 g::**
Kalorien: 128, Fett: 12,0 g, Kohlenhydrate: 1,6 g, Eiweiß: 3,3 g

# Bauernpizza

Ein dunkler Boden und würzig deftiger Belag …

**4 Portionen**

**Für den Belag:**
150 g rote Zwiebel, gehackt
100 g Apfel, geschält und in kleine Stücke geschnitten
15 g Kokosöl, zum Braten
1 TL heller Balsamico-Essig
Salz und Pfeffer
150 g rote Bete, roh, grob geraspelt
250 g grobes Wurstbrät/Mett, in kleine Kugeln gerollt
100 g Gouda, mittelalt, gerieben

**Für den Teig:**
220 ml Buttermilch
3 Eier, Größe M
25 g Flohsamenschalen
35 g Eiweißpulver, Natural
35 g Kokosmehl
15 g Walnussmehl, entölt
½ TL Backpulver
1 TL Salz
½ TL Brotgewürz

Den Backofen auf 175 Grad Umluft vorheizen.

In einem kleinen Topf die Zwiebelwürfel und die Apfelwürfel im Kokosöl weich dünsten. Den Balsamico-Essig hinzufügen und dann mit dem Pürierstab pürieren. Mit Salz und Pfeffer abschmecken.

Alle Zutaten für den Teig auf einmal in eine Rührschüssel geben und zu einem Teig verrühren. Den Teig einige Minuten quellen lassen und dann auf ein mit Backpapier belegtes Blech streichen. Das Blech in den Ofen schieben und den Boden für 20 Minuten vorbacken.

Anschließend den Pizzateig aus dem Ofen holen und diesen mit der Zwiebelmischung bestreichen. Darüber die geraspelte rote Bete streuen und noch die Brätkugeln verteilen. Mit dem geriebenen Gouda bestreuen und das Blech für weitere 20 Minuten in den heißen Ofen schieben.

**Nährwerte pro Portion/Person:**
Kalorien: 511, Fett: 33,1 g, Kohlenhydrate: 14,5 g, Eiweiß: 33,1 g

# Kaffeeklatsch und Kuchenbuffet. Süße Launen wollen ausgelebt werden

Ein Leben ohne Kuchen oder Schokolade ist denkbar. Genauso ist auch denkbar, dass ich auf den Mond fliege und dort einen Pullover aus Zucchinispaghetti klöppele. Also eigentlich unrealistisch und vor allen Dingen sinnentleert und doof. Denken Sie jetzt lieber an leckere Double-Chocolate-Brownies mit der besten Freundin bei einer guten Tasse Kaffee, oder an zuckersüße Marzipan-Kirsch-Schnecken, die das Leben einfach schöner machen und die Seele streicheln. Hier kommen 15 Ideen, die alle nicht geeignet sind, um die Hüften schmäler zu bekommen, und die trotzdem manchmal sein müssen. Viel Spaß damit.

# Fruchtiges Knäckebrot

Ein Knäckebrot, das laut nach süßem Aufstrich ruft ...

**10 Scheiben**

50 g Kürbiskerne
15 g Erythrit
50 g Sesam
50 g Mandeln, gehackt
25 g Chia-Samen
25 g Hanfsamen, geschält
25 g Flohsamenschalen
25 g Goji-Beeren, gehackt
25 g Aronia-Beeren
25 g Erythrit
200 ml warmes Wasser

Den Backofen auf 135 Grad Umluft vorheizen.

Die Kürbiskerne in einer heißen Pfanne ohne Fett rösten. So lange, bis die Kerne eine goldbraune Farbe haben. Dann die 15 g Erythrit zufügen und in der Pfanne schmelzen lassen. Vom Herd nehmen und unter gelegentlichem Rühren abkühlen lassen.

Alle trockenen Zutaten in einer Schüssel mischen. Dann das warme Wasser untermischen. Die Masse etwa 4 mm dick auf ein mit Backpapier belegtes Backblech streichen.

Für 60 Minuten backen. Dann rausholen und warm mit dem Pizzaschneider in rechteckige Knäckebrote schneiden. Die Stücke umdrehen und so zurück in den Ofen für weitere 30 Minuten. Anschließend den Ofen ausschalten, das Knäckebrot wieder drehen und in der Restwärme im Ofen für weitere 15 Minuten verweilen lassen.

Während der 90 Minuten Backzeit alle 15 Minuten kurz die Backofentür öffnen, damit Feuchtigkeit aus dem Ofen entweichen kann.

**Nährwerte pro Scheibe:**
Kalorien: 140, Fett: 10,2 g, Kohlenhydrate: 3,8 g, Eiweiß: 5,8 g

# Low-Carb-Weberli

Ergibt 6 Stück rund oder 8 Stück eckig

Schon immer liebe ich diese kleinen süßen Schokoladen-kuchen …

**Für die Weberküchlein:**
50 g Kokosmehl
50 g Mandelmehl, entölt
75 g Eiweißpulver, Schokolade
30 g Kakaopulver
2 TL Backpulver
100 g Butter, geschmolzen
100 g Erythrit
4 TL Stevia-Streupulver mit Erythrit
4 Eier, Größe M
200 ml Milch

Den Backofen auf 175 Grad Umluft vorheizen.

Die trockenen Zutaten für den Teig in einer Schüssel abwiegen und mischen. Die Butter mit dem Erythrit und dem Stevia-Streupulver verrühren, mit den Eiern verquirlen und dann esslöffelweise die trockene Mischung unterrühren. Die Milch nach und nach zugeben, damit ein schöner Teig entsteht.

Den fertigen Teig in einer mit Backpapier ausgelegten Form von etwa 20x30 cm für 25 Minuten backen und dann auskühlen lassen. Mit einem Glas von 10 cm Durchmesser die Kuchen kreisrund herausstechen. Um vom Teig nichts zu verschwenden, können die Weberlis auch in 8 eckige Teile geschnitten werden.

**Für die Füllung:**
3 Eiweiß, Größe M, steif geschlagen
10 g Stevia-Streupulver mit Erythrit (zu Puder gemörsert)
20 g Eiweißpulver, Vanille

Unter den steifen Eischnee das Stevia-Streupulver und das Eiweißpulver Vanille schlagen. Die Creme in eine Backspritze füllen und von oben in jedem Küchlein 7-mal 2–3 cm tief einstechen und jeweils ein wenig von der Creme ins Gebäck spritzen.

**Für den Schokoladenüberzug:**
150 g Bitter-Schokolade, 85 % Kakao
5 g Kokosöl

Die Bitter-Schokolade gemeinsam mit dem Kokosöl schmelzen. Das klappt gut in einem Metallbehälter, der in einem heißen Wasserbad steht. Die gefüllten Weberlis mit der flüssigen Schokolade bepinseln. Mit der Seite beginnen und dann auf Backpapier abgelegt noch die Oberseite bestreichen. Den Schokoladenguss in einem kühlen Raum aushärten lassen.

In der runden Variante bleiben nach dem Ausstechen Teigreste übrig. Die eignen sich perfekt für das Schoko-Kirsch-Trifle von Seite 213 oder auch, zerbröselt mit einer Quark-Joghurtmischung und einigen Beeren, als Frühstück.

**Nährwerte pro rundem Weberli:**
Kalorien: 366, Fett: 25,9 g, Kohlenhydrate: 7,3 g, Eiweiß: 21,8 g

# Schoko-Kokos-Krümelkuchen

**Eine kleine Springform mit 18 cm Durchmesser/ ergibt 8 Stücke Kuchen**

75 g Mandelmehl, nicht entölt
75 g Kokosraspel
35 g Kokosmehl
1 TL Guarkernmehl
½ TL Backpulver
85 g Butter, weich
65 g Erythrit
3 TL Stevia-Streupulver mit Erythrit
2 Eier, Größe M
40 g Xylit-Schokodrops, dunkel
Butter zum Fetten der Form

Den Backofen auf 175 Grad Umluft vorheizen.

Die trockenen Zutaten, außer den Schokodrops, vorweg in einer Schüssel mischen. Die weiche Butter mit den Süßmitteln und den Eiern in einer Rührschüssel cremig rühren. Die trockenen Zutaten esslöffelweise zufügen. Am Ende soll ein trockener, leicht bröseliger Teig entstehen. Eine kleine Springform mit Backpapier auslegen und den Rand mit etwas Butter einfetten.

Die Hälfte des Teiges mit den Fingern in die Form bröseln. Ganz leicht festdrücken. Dann 2/3 der Schokodrops verteilen. Nun den Rest des Teiges als Streusel in die Form geben und die restlichen Schokodrops über den Streuseln verteilen.

Für 45 Minuten in Ofen backen. Nach 30 Minuten mit Alufolie abdecken, damit der Kuchen nicht zu dunkel wird.

**Nährwerte pro Stück:**
Kalorien: 260, Fett: 23,8 g, Kohlenhydrate: 2,1 g,
Eiweiß: 5,8 g

Der Kuchen würde auch auf dem Mond schmecken, aber warum der Umstand ...

# Fruchtiger Kürbiskuchen

**Eine kleine Springform mit 18 cm Durchmesser/ergibt 8 Stücke Kuchen**

30 g Mandelmehl, entölt
30 g Kokosmehl
45 g Eiweißpulver, Vanille
60 g Mandelmehl, nicht entölt
1 TL Backpulver
1 Prise Salz
50 ml Olivenöl, nativ extra
3 Eier, Größe M
40 g Erythrit
2 TL Stevia-Streupulver mit Erythrit
75 g Apfel, säuerlich, fein geraspelt
25 ml Zitronensaft, frisch gepresst
125 g Butternut-Kürbis, fein geraspelt

Den Backofen auf 175 Umluft Grad vorheizen.

Die trockenen Zutaten für den Teig in einer Schüssel abwiegen und gut mischen.

Das Olivenöl und die Eier mit den Süßmitteln in einer Rührschüssel verrühren. Dann Apfel, Zitronensaft und Kürbis unterrühren und esslöffelweise die trockene Mischung hinzufügen.

Eine kleine Springform fetten und den Boden mit Backpapier bedecken. Den Teig in die Form füllen und dann für 45–50 Minuten im Backofen backen. Wenn der Kuchen zu dunkel wird, dann nach etwa 30 Minuten mit etwas Alufolie bedecken.

**Nährwerte pro Stück:**
Kalorien: 185, Fett: 12,8 g, Kohlenhydrate: 4,0 g, Eiweiß: 11,7 g

*Herbstkuchen hätte auch gepasst...*

# Double-Chocolate-Brownies

Schokolade ist irgendwie ja auch Gemüse ...

**8 Brownies**

½ TL Bourbon-Vanille, gemahlen
25 g Mandelmehl, entölt
60 g Mandelmehl, nicht entölt
25 g Kakaofasern
25 g Kakaopulver
1 TL Guarkernmehl
1 TL Backpulver
75 g Butter, weich
2 Eier, Größe L
75 g Erythrit
4 TL Stevia-Streupulver mit Erythrit
200 ml Sahne
50 g Xylit-Schokodrops, dunkel
50 g Xylit-Schokodrops, weiß

Den Backofen auf 175 Grad Umluft vorheizen.

Die trockenen Zutaten vorweg in einer Schüssel mischen. Nur die Schokodrops zurückbehalten.

Die Butter mit den Eiern und den Süßmitteln in einer Rührschüssel verrühren. Die trockenen Zutaten nach und nach zufügen, und immer wenn der Teig zu zäh wird, ein wenig von der flüssigen Sahne dazugeben. Zum Schluss noch die beiden Sorten Schokodrops unterheben.

Den Teig in eine mit Backpapier ausgelegte eckige Form füllen und glattstreichen. Perfekt ist eine Backform oder Auflaufform in der Größe von 13x23 cm. Dann in den Ofen stellen und für 40–45 Minuten backen. Anschließend abkühlen lassen und in 8 Stücke schneiden.

**Nährwerte pro Brownie:**
Kalorien: 306, Fett: 27,6 g, Kohlenhydrate: 3,6 g, Eiweiß: 8,3 g

# Low-Carb-Apfel-Käsekuchen

**1 kleiner Kuchen mit 18 cm Durchmesser/ergibt 8 Stücke**

2 Eier, Größe M, getrennt in Eiweiß und Eigelb
250 g Quark, 40 % Fett
35 g Eiweißpulver, Vanille
1–2 TL Stevia-Streupulver mit Erythrit (Creme probieren, Süße nach Geschmack zufügen)
¼ TL feiner Abrieb der Schale einer Bio-Zitrone
25 g Puder-Erythrit
120 g Jonagold-Apfel (der ist eher weichkochend), in dünne Scheiben geschnitten

Den Backofen auf 165 Grad Umluft vorheizen.

Die Eiweiße steif schlagen.

Die Käsecreme (Eigelbe, Quark, Eiweißpulver, Süßmittel, Zitrone) anrühren und dann den Eischnee unterheben. In eine mit Backpapier ausgelegte Springform streichen. Dann die Apfelscheiben auf die Creme legen. Den Low-Carb-Käsekuchen für 30–35 Minuten im Ofen backen.

Den Käsekuchen im Ofen bei leicht geöffneter Tür (Kochlöffel zwischen die Tür und Ofen klemmen) abkühlen lassen. Den Rand vorsichtig mit dem Messer lösen.

**Nährwerte pro Stück:**
Kalorien: 90, Fett: 5,0 g,
Kohlenhydrate: 3,1 g, Eiweiß: 8,6 g

*Es braucht schon einen Käsekuchen, um mich glücklich zu machen …*

# Marzipan-Kirsch-Schnecken

15 Schnecken

**Für die Kirschfüllung:**
150 g TK-Sauerkirschen, aufkochen lassen
30 g Gelier-Xucker 3:1 unterrühren und 4 Minuten kochen, mit dem Pürierstab zerkleinern und anschließend abkühlen lassen.

**Für das Marzipan:**
100 g blanchierte Mandeln, fein gemahlen
15 ml Vanille-Sirup, zuckerfrei
2 TL Stevia-Streupulver mit Erythrit
½ TL Rosenwasser
2 Tropfen Bittermandel-Aroma

Den zuckerfreien Sirup mit dem Rosenwasser und den 2 Tropfen Bittermandel-Aroma vermischen. Darin das Stevia-Streupulver auflösen. Die süße Flüssigkeit zu den gemahlenen Mandeln geben und alles zu einem festen Teig verrühren. Die Marzipanmasse in kleinen Stücken zwischen den Händen dünn flachdrücken.

**Für den Schnecken-Teig:**
50 g Mandelmehl, entölt
50 g Eiweißpulver, Vanille
25 g Kokosmehl
1 TL Backpulver
1 TL Guarkernmehl
50 g Erythrit
1 TL Stevia-Streupulver mit Erythrit
100 ml warme Milch
7 g Trockenhefe
5 g Kokosblütenzucker (alternativ normaler Haushaltszucker)

*Sie sind wirklich so lecker wie sie aussehen …*

125 g Mozzarella, 45 % Fett, in kleine Würfel geschnitten
50 g Butter
1 Ei, Größe L

**Für den Zuckerguss:**
1 EL Wasser
1 EL Zitronensaft, frisch gepresst
50 g Puder-Erythrit

Den Backofen auf 175 Grad Umluft vorheizen. Ein Backblech mit Backpapier vorbereiten.

Die trockenen Zutaten in einer Schüssel vermischen.

In die warme Milch die Trockenhefe und den Kokosblütenzucker geben und die Mischung für 10 Minuten stehen lassen. Die Hefe entwickelt sich in der Zeit, ernährt vom Kokosblütenzucker.

Den kleingeschnittenen Mozzarella, die Butter und das Ei gemeinsam mit dem Pürierstab pürieren. In diese Masse dann esslöffelweise die trockenen Zutaten unterrühren. Zwischendurch die Hefe-Milch unterrühren und alles zu einem Teig mischen. Den Teig etwa 30 Minuten im Kühlschrank ruhen lassen.

Nach der Kühlzeit den Teig rechteckig ausrollen. Am besten Backpapier zur Unterstützung einsetzen. Wenn der Teig etwa 1 cm dick ist, dann die plattgedrückten Marzipanplättchen auf dem Teig verteilen. Darüber nun das Kirschkompott streichen. Anschließend vorsichtig mit Hilfe des Backpapiers den Teig aufrollen. Die Teigrolle mit einem Messer in 1,5–2 cm dicke Scheiben schneiden und als Schnecke auf das Backblech legen. Für 15–20 Minuten goldbraun backen. Danach abkühlen lassen.

In einem Topf das Wasser und den Zitronensaft gemeinsam mit dem Puder-Erythrit erhitzen. Kurz aufkochen lassen und den entstehenden Zuckerguss mit einem (Silikon-)Pinsel auf die Schnecken streichen oder mit einem Löffel grob verteilen.

**Nährwerte pro Schnecke:**
Kalorien: 138, Fett: 9,1 g, Kohlenhydrate: 4,1 g, Eiweiß: 9,0 g

# Ofenkreppel

Helau ruft es aus dem Ofen …

**6 Ofenkreppel**

**Für die Füllung:**
90 g TK-Sauerkirschen, ungezuckert
30 g Gelier-Xucker, 3:1 (alternativ die pürierten Sauerkirschen mit einem anderen Bindemittel andicken)

**Für die Kreppel:**
100 ml warme Milch (nicht heiß!)
7 g Trockenhefe
5 g Kokosblütenzucker (alternativ normaler Haushaltszucker)
40 g Erythrit
2 TL Stevia-Streupulver mit Erythrit
50 g Mandelmehl, entölt
25 g Kokosmehl
25 g Eiweißpulver, Natural
25 g Eiweißpulver, Vanille
2 TL Backpulver
1 TL Guarkernmehl
125 g Mozzarella, 45 % Fett, in kleine Stücke geschnitten
1 Ei, Größe M
30 g Butter, geschmolzen, zum Bestreichen
1 EL Puder-Erythrit, zum Bestäuben

Den Backofen auf 175 Grad Umluft vorheizen.

Die gefrorenen Sauerkirschen auf dem Herd in einem kleinen Topf erhitzen, und wenn der Inhalt kocht, den Gelier-Xucker hinzufügen. Für 3–4 Minuten kochen lassen. Dann mit dem Pürierstab zerkleinern und abkühlen lassen.

In die warme Milch den Kokosblütenzucker einrühren und die Trockenhefe hinzufügen. Dann für 10 Minuten gehen lassen.

Das Erythrit mit dem Stevia-Streupulver in einem Schälchen mischen. In einer weiteren Schüssel die restlichen trockenen Zutaten für den Teig der Kreppel vermengen.

Die Mozzarellawürfel mit dem Ei gemeinsam pürieren. Die Mozzarellacreme in eine Rührschüssel geben und die Hefemilch unterrühren. Dann die Süßmittel hinzufügen und unterarbeiten. Anschließend die trockenen Zutaten nach und nach hinzufügen, bis sich alles zu einem kompakten Teig verbunden hat.

Ein Blech mit Backpapier bedecken und mit der Hand Kreppel von je ca. 75 g Gewicht formen. Die Kreppel mit der flüssigen Butter einpinseln. Erst eine Seite und dann drehen und noch die andere Seite. Nun für insgesamt 25 Minuten im Ofen backen. Nach der halben Backzeit die Kreppel erneut mit Butter bestreichen. Dann auch locker Alufolie über die Kreppel legen, damit diese im Ofen nicht zu dunkel werden.

Anschließend auskühlen lassen und nun noch die Kirschmarmelade mit einer Spritztülle in die Kreppel füllen. Zum Schluss die fertigen Ofenkreppel mit Puder-Erythrit bestäuben.

**Nährwerte pro Kreppel:**
Kalorien: 207, Fett: 10,7 g, Kohlenhydrate: 8,0 g, Eiweiß: 18,4 g

# Geburtstagskuchen

1 kleine Kastenform mit 20 cm Länge/ergibt 10 Stücke Kuchen

Mein liebster Geburtstagskuchen ...

**Für das Haselnusskrokant:**
65 g Haselnüsse, gehackt
20 g Erythrit

40 g Mandelmehl, entölt
35 g Kokosmehl
40 g Eiweißpulver, Vanille
70 g Mandelmehl, nicht entölt
2 TL Backpulver
75 g Butter, weich
3 Eier Größe M
50 g Erythrit
3 TL Stevia-Streupulver mit Erythrit
1 Prise Salz
25 ml Espresso, kalt
15 ml Francelico oder 10 ml Rum (alternativ 3 Tropfen Rum-Aroma)
100 ml Milch
100 ml Sahne
65 g Xylit-Schokodrops, dunkel

**Für den Guss:**
20 ml Espresso
60 g Puder-Erythrit

Den Backofen auf 175 Umluft Grad vorheizen.

Die gehackten Haselnüsse in einer Pfanne ohne Fett goldgelb rösten. Am Ende 20 g Erythrit in die Pfanne geben und schmelzen lassen. Die karamellisierten Haselnüsse unter gelegentlichem Rühren abkühlen lassen.

Die trockenen Zutaten für den Teig in einer Schüssel abwiegen und gut mischen.

Die Butter mit den Eiern und den Süßmitteln verrühren. Dann 25 ml Espresso und den Francelico (oder Rum oder Rumaroma) unterrühren und esslöffelweise die trockenen Zutaten zufügen. Immer wenn der Teig zu fest wird, etwas Milch und Sahne zugeben. Am Ende noch das selbst gemachte Haselnusskrokant und die Schokodrops untermischen.

Den Teig in eine mit Backpapier ausgelegte kleine Kastenform füllen. Den Kuchen für 45–50 Minuten in den Backofen stellen. Wenn der Kuchen zu dunkel wird, dann nach etwa 30 Minuten mit etwas Alufolie schützen.

In einem kleinen Topf 20 ml Espresso mit dem Puder-Erythrit aufkochen. Dann den Kuchen mit der heißen Mischung bepinseln.

**Nährwerte pro Stück:**
Kalorien: 282, Fett: 22,8 g, Kohlenhydrate: 3,8 g, Eiweiß: 11,5 g

# Marmor-Schmandkuchen

**Eine kleine Springform mit 18 cm Durchmesser/ergibt 8 Stücke Kuchen**

250 g Schmand, 20 % Fett
1 Ei, Größe L
25 g Kokosmehl
35 g Eiweißpulver, Vanille
30 g Puder-Erythrit
10 ml Rum oder 2 Tropfen Rum-Aroma
½ TL Backpulver

**Für den dunklen Teig zusätzlich:**
1 EL Kakaopulver
1 EL Milch
1 TL Stevia-Streupulver mit Erythrit

Den Backofen auf 175 Grad Umluft vorheizen.

Alle Zutaten für den hellen Teig auf einen Schlag in eine Rührschüssel geben und gut verrühren. Die cremige Masse zu 2/3 in eine mit Backpapier ausgelegte und gefettete kleine Springform geben.

In das restliche Drittel des hellen Teiges noch das Kakaopulver, den Esslöffel Milch und das Stevia-Streupulver mischen. Mit einem Löffel den dunklen Teig in Klecksen auf den hellen Teig geben und dann mit einer Gabel spiralförmig unterheben. Nun noch für 25 Minuten backen und abkühlen lassen.

**Nährwerte pro Stück:**
Kalorien: 111, Fett: 7,8 g, Kohlenhydrate: 2,0 g, Eiweiß: 6,3 g

*Ein fluffiger Marmorkuchen, der einfach und schnell gemacht ist …*

# Low-Carb-Rosinenbrötchen

**4 Brötchen**

150 ml Mineralwasser, mit Kohlensäure
5 g Kokosblütenzucker (alternativ normaler Haushaltszucker)
7 g Trockenhefe
2 Eier, Größe M
35 g Haferkleie
35 g Eiweißpulver, Natural
15 g Eiweißpulver, Vanille
25 g Kokosmehl
25 g Macadamiamehl, teilentölt (alternativ Mandelmehl, entölt und Mandelmehl, nicht entölt, gemischt)
25 g Erythrit
1 TL Backpulver
35 g Rosinen

Den Backofen auf 175 Grad Umluft vorheizen.

Zuerst 75 ml Mineralwasser erwärmen. In das warme Wasser den Kokosblütenzucker und die Hefe einrühren. Für 10 Minuten stehen lassen, damit sich die Hefe entwickeln kann.

Anschließend alle Zutaten auf einmal in eine Rührschüssel geben und alles zu einem Teig mischen. Den Teig 5 Minuten quellen lassen und dann mit feuchten Händen 4 Brötchen formen. Auf ein Backblech mit Backpapier legen und für 30 Minuten backen.

**Nährwerte pro Brötchen:**
Kalorien: 206, Fett: 6,2 g, Kohlenhydrate: 15,1 g, Eiweiß: 18,9 g

Das Lieblingsbrötchen meines süßschnäbeligen Ehemanns

# Low-Carb-Waffeln mit heißen Himbeeren

**3 Portionen**

**Für die süße Vanillesahne:**
150 g Schlagsahne
¼ TL Bourbon-Vanille, gemahlen
2–3 TL Stevia-Streupulver mit Erythrit zu Puder gemahlen

**Für die heißen Himbeeren:**
150 g TK-Himbeeren, ungezuckert
1 TL Stevia-Streupulver mit Erythrit
1 MSP Xanthan oder Guarkernmehl

**Für die Waffeln:**
50 g Mandelmehl, entölt
50 g Eiweißpulver, Vanille
3 TL Stevia-Streupulver mit Erythrit
1 TL Backpulver
200 g Griechischer Joghurt, 10 % Fett
4 Eier, Größe M
25 g Kokosöl, geschmolzen, zum Fetten des Waffeleisens

*Es geht nichts über ein Waffelgelage …*

Für die Vanillesahne die Schlagsahne steif schlagen und das Stevia-Streupulver und die gemahlene Vanille unterschlagen.

Die Himbeeren aufkochen (Herd oder Mikrowelle) und das Stevia unterühren. Das Xanthan bzw. Guarkernmehl mit einem Schneebesen untermischen.

Die trockenen Zutaten für die Waffeln mischen. Für den Waffelteig den Joghurt mit den Eiern verrühren und die trockenen Zutaten esslöffelweise untermischen. Das Waffeleisen auf mitt-

lere Hitze aufheizen und mit Kokosöl bepinseln. Den cremigen Teig ins Waffeleisen geben und nach Gerätebeschreibung backen.
Die heißen Himbeeren mit der süßen geschlagenen Sahne zu den Low-Carb-Waffeln genießen.

**Nährwerte pro Portion/Person:**
Kalorien: 538, Fett: 39,0 g, Kohlenhydrate: 9,5 g, Eiweiß: 33,6 g

# Der wird nicht gebacken-Kuchen

Ein Tortenring mit 18 cm Durchmesser/ergibt 8 Stücke Kuchen

**Für den Boden:**
65 g Mandelmehl, nicht entölt
40 g Kokosraspel
25 g Eiweißpulver, Vanille
20 g Kakaofasern
(alternativ 15 g Kakaopulver)
100 ml Kokosmilch
25 g Puder-Erythrit

**Für die Vanillecreme:**
250 g Ricotta (italienischer Frischkäse)
20 g Eiweißpulver, Vanille
25 g Puder-Erythrit

**Für den Fruchtbelag:**
150 g Erdbeeren
100 g Himbeeren
100 g Heidelbeeren

Es geht auch ohne englisches Gebrabbel ...

Einen Tortenring auf einen flachen Teller geben und auf 18 cm Durchmesser einstellen. Die Zutaten für den Boden mischen und den Tortenring damit befüllen. Die Teigmasse auf dem Boden gut glattstreichen. Dann den Ricotta mit dem Eiweißpulver und dem Puder Erythrit vermischen und auf dem schokoladigen Boden verteilen. Die beiden Schichten im Kühlschrank 1–2 Stunden kaltstellen.

Anschließend auf der Creme einen äußeren Kreis mit nicht zu großen Erdbeeren ohne Blattansatz stellen. Dann abwechselnd Kreise von Heidelbeeren und Himbeeren auf dem Kuchen aufreihen. Den Kuchen so nochmal 1–2 Stunden kaltstellen und vor dem Servieren den Tortenring entfernen.

Nährwerte pro Stück:
Kalorien: 202, Fett: 14,5 g, Kohlenhydrate: 5,5 g, Eiweiß: 9,9 g

# Kokos-Schoko-Cookies

**16 leckere Cookies**

Da werde ich zum Cookiemonster ...

75 g Kokosöl, geschmolzen, lauwarm
1 Ei, Größe L
1 Eigelb
25 g Erythrit
3 TL Stevia-Streupulver mit Erythrit
1 Prise Salz
40 g Eiweißpulver, Schokolade
50 g Mandelmehl, nicht entölt
25 g Kokosmehl
25 g Kokosraspel
1 TL Backpulver
50 g Xylit-Schokodrops, dunkel

Den Backofen auf 175 Grad Umluft vorheizen.

Das Kokosöl mit dem Ei und dem Eigelb aufschlagen und die Süßmittel und die Prise Salz unterrühren.

Die trockenen Zutaten in einer Schüssel mischen und dann esslöffelweise unterrühren. Zum Schluss noch die Schokodrops zufügen.

Der Teig ist relativ fest. Mit einem Esslöffel jeweils auf ein mit Backpapier belegtes Ofenblech geben und kreisförmig zerdrücken. Die Kokos-Schoko-Cookies anschließend für 10–15 Minuten backen.

**Nährwerte pro Cookie:**
Kalorien: 113, Fett: 10,0 g, Kohlenhydrate: 1,0 g, Eiweiß: 4,0 g

# Zwetschgenkuchen

**8 Stücke Kuchen**

**Für den Teig:**
50 g Mandelmehl, entölt
50 g Eiweißpulver, Vanille
25 g Kokosmehl
1 TL Backpulver
1 TL Guarkernmehl
100 ml warme Milch
7 g Trockenhefe
5 g Kokosblütenzucker (alternativ normaler Haushaltszucker)
125 g Mozzarella, 45 % Fett, in kleine Würfel geschnitten
50 g Butter, weich
1 Ei, Größe L
50 g Erythrit
1 TL Stevia-Streupulver mit Erythrit

**Für den Belag:**
350 g Zwetschgen, ohne Kerne

Den Backofen auf 175 Grad Umluft vorheizen.

Die trockenen Zutaten in einer Schüssel vermischen. In die warme Milch den Kokosblütenzucker und die Trockenhefe einrühren. So für 10 Minuten stehen lassen, damit die Hefe sich entwickeln kann. In der Zwischenzeit die Mozzarellawürfel, die Butter und das Ei gemeinsam mit dem Pürierstab pürieren. In diese Masse dann esslöffelweise die trockenen Zutaten unterrühren. Zwischendurch die Hefe-Milch unterrühren und alles zu einem Teig mischen.

*Zwetschgen gehören nun mal auf einen Blechkuchen …*

Anschließend den Teig für etwa 30 Minuten im Kühlschrank ruhen lassen. Nach der Kühlzeit den Teig auf einem mit Backpapier belegten Blech ca. 24 x 24 cm ausrollen. Die Zwetschgen auf dem Teig verteilen und für 20–25 Minuten backen.

**Nährwerte pro Stück:**
Kalorien: 186, Fett: 10,3 g, Kohlenhydrate: 7,3 g, Eiweiß: 14,0 g

# Danksagung

Seufz, ich bin durch. Mehr als 250 Seiten Kochbuch liegen nun hinter mir. Unzählige Stunden in der Küche und genauso viele Stunden am Computer. Ich könnte vor Freude zerspringen und bin einfach happy. Es poltern so einige Steinchen von meinem Herzen runter.

Es wird also wieder Zeit für ein Dankeschön. Eigentlich sind es ja immer die üblichen Verdächtigen. Danke an den systemed Verlag, der meine Bücher mit viel Geduld genau meinen Vorstellungen entsprechend umsetzt und dabei nie die Ruhe verliert. Danke an meine wunderbare Grafikerin Simone, die jeden Buchsatz zu einem bunten Abenteuer und einer lustvollen optischen Reise macht.

Ganz wichtig, mein toller Mann Carsten, der wieder gefuttert hat, was das Zeug hält und auch die eine oder andere kreative Krise mit viel Liebe ausbalanciert hat. Ich kann auch extrem nervig sein, besonders wenn Kochrezepte in die Hose gehen oder ich das Gefühl habe, ich müsste bei Schreibblockaden den ollen Hemingway raushängen lassen. Danke, dass du mich in jeder Gefühlslage aushältst, mich mit all deiner Liebe ummantelst und mit deinem Know-how tatkräftig unterstützt.

Eine Entschuldigung geht an alle Freunde und Bekannten, die vielleicht schon denken, dass ich nichts mehr mit ihnen zu tun haben will, weil ich mich so rarmache. Keine Angst, ich bin nicht doof geworden, nur, ein Buch zu produzieren verschluckt mich förmlich und bindet ganz viel Energie und Aufmerksamkeit. Danke für eure Geduld und euer Verständnis.

Dann wieder das große Finale mit meinen tollen Leser/innen vom Happy-Carb-Blog. Mein Dank ging schon im Vorwort an euch, und ich wollte das Buch auch gerne mit dem Gedanken an euch beenden. Happy Carb gibt es jetzt seit mehr als 3 Jahren, und viele von euch sind schon ganz lange dabei und verfolgen aufmerksam meinen Weg. Danke für den tollen Support und die Liebe, die ihr mir in all der Zeit immer wieder entgegengebracht habt. Ihr seid einfach klasse. DANKE!

# Dankeschön.

# Rezeptübersicht

## Frühstück oder nicht Frühstück, ist hier nicht die Frage

## Seelenfutter aus einem Topf:. Suppen und Eintöpfe, die rundum glücklich machen

## Fleisch ist mein Gemüse, aber nur mit ganz viel Gemüse



## Fischers Fritz fischt frische Fische

## Veggie macht happy. Da braucht es keinen gesetzlichen Veggie-Day



## Salate gehen immer, wenn sie lecker sind und satt machen

## Es darf genascht und geknabbert werden



## Herzhaft aus dem Ofenrohr



## Kaffeeklatsch und Kuchenbuffet: Süße Launen wollen ausgelebt werden

# Register

BETTIS
TOMATENMARMELADE
MIT LIEBE GEKOCHT

## L

## M



## N

Betti's
HOMEMADE
HAPPY CARB
SOUP

# Notizen

## Gesunde Ernährung rund um die LOGI-Methode und LOGI-Low-Carb

**Glücklich und schlank.**
Mit viel Eiweiß und dem richtigen Fett. Das komplette LOGI-Basiswissen. Mit umfangreichem Rezeptteil.
Dr. Nicolai Worm
978-3-942772-96-9 22,00 €

**Das große LOGI-Kochbuch.**
120 raffinierte Rezepte zur Ernährungsrevolution von Dr. Nicolai Worm. Mit exklusiven LOGI-Kompositionen der Spitzenköche Alfons Schuhbeck, Vincent Klink, Ralf Zacherl, Christian Henze und Andreas Gerlach.
Franca Mangiameli
978-3-942772-79-2 22,00 €

**Das neue große LOGI-Kochbuch.**
120 neue Rezepte – auch für Desserts, Backwaren und vegetarische Küche. Jede Menge LOGI-Tricks und die klügsten Alternativen zu Pizza, Pommes und Pasta.
Franca Mangiameli | Heike Lemberger
978-3-942772-88-4 22,00 €

**Das große LOGI-Fischkochbuch.**
Köstliche Gerichte mit Fisch und Meeresfrüchten aus heimischen Gewässern und aus aller Welt.
S. Thiel | A. Fischer
978-3-942772-07-5 15,99 € ~~19,99 €~~

**Das große LOGI-Back- und Dessertbuch.**
Über 100 raffinierte Dessertrezepte, die Sie niemals für möglich gehalten hätten. So macht Leben nach LOGI noch mehr Spaß! Mit ausführlichem Stevia-Extrakapitel.
Franca Mangiameli | Heike Lemberger
978-3-927372-66-5 19,95 €

**Das große LOGI-Grillbuch.**
120 heiß geliebte Grillrezepte rund um Gemüse, Fisch und Fleisch. Ein Fest für LOGI-Freunde.
Heike Lemberger
Franca Mangiameli
978-3-942772-12-9 15,99 € ~~18,00 €~~

**Abnehmen lernen. In nur zehn Wochen!**
Das intelligente LOGI-Power-Programm zur dauerhaften Gewichtsreduktion. Mit diesem Tagebuch werden Sie Ihr eigener LOGI-Coach!
Heike Lemberger
Franca Mangiameli
978-3-942772-59-4 22,00 €

**Vegetarisch kochen mit der LOGI-Methode.**
LOGI ohne Fisch und Fleisch? Na klar! 80 innovative und kreative LOGI-Veggie-Rezepte. Wenige Kohlenhydrate – glutenfrei! Mit vielen veganen Rezeptalternativen.
Susanne Thiel | Dr. Nicolai Worm
978-3-942772-89-1 22,00 €

**Das LOGI-Fanbuch.**
Erfolgsgeschichten, Rezepte, Tipps und Tricks von Fans für Fans der LOGI-Methode.
978-3-95814-079-0 19,99 €

**Leicht abnehmen! Geheimrezept Eiweiß.**
Gewicht verlieren mit Eiweiß und Formula-Mahlzeiten. Und dann: gesund und schlank auf Dauer mit LOGI.
Dr. Hardy Walle | Dr. Nicolai Worm
978-3-95814-009-7 19,99 €

**Leicht abnehmen! Das Rezeptbuch.**
Gewicht verlieren mit Eiweiß und Formula-Mahlzeiten. Und für danach: 70 einfache und abwechslungsreiche LOGI-Rezepte.
Dr. Hardy Walle
978-3-927372-40-5 12,95 €

**LOGI. Das Buch.**
Das Beste aus 15 Jahren LOGI. 300 Rezepte, Theorie und Tipps.
978-3-95814-026-4 30,00 €

**Eiweiß-Guide.**
Tabellen mit über 500 Lebensmitteln bewertet nach ihrem Eiweißgehalt und ausgewählten Aminosäuren.
Franca Mangiameli | Heike Lemberger
Dr. Nicolai Worm
978-3-942772-64-8 9,99 €

**Fett Guide.**
Wie viel Fett ist gesund? Welches Fett wofür? Tabellen mit über 500 Lebensmitteln, bewertet nach ihrem Fettgehalt und ihrer Fettqualität.
Heike Lemberger | Ulrike Gonder
Dr. Nicolai Worm
978-3-942772-09-9 7,49 € ~~9,99 €~~

**LOGI-Guide.**
Tabellen mit über 500 Lebensmitteln, bewertet nach ihrem glykämischen Index und ihrer glykämischen Last.
Franca Mangiameli
Dr. Nicolai Worm | Andra Knauer
978-3-942772-02-0 6,99 €

**Der LOGI-Wochenkalender 2018.**
54 köstliche und inspirierende LOGI-Rezepte auf wunderschönen Sammelkarten.
978-3-95814-109-4 15,00 €

**Die LOGI-Kochkarten.**
Die besten LOGI-Rezepte. Einfallsreich, einfach, preiswert.
978-3-942772-54-9 5,00 €

**Das große LOGI-Familienkochbuch.**
Die LOGI-Ernährungsmethode für die ganze Familie in Theorie und Praxis. Mit 100 tollen Rezepten, die auch Kindern schmecken.
Marianne Botta | Dr. Nicolai Worm
978-3- 95814-016-5 22,00 €

**Der LOGI-Muskel-Coach.**
Die ultimative Sporternährung für Muskelaufbau und Ausdauertraining.
Dr. Torsten Albers | Dr. Nicolai Worm
Kirsten Segler
978-3-942772-13-6 19,99 €

**Mehr vom Sport! Low-Carb und LOGI in der Sporternährung.**
Unter Mitwirkung zahlreicher Spitzensportler: Boxweltmeister Felix Sturm, Schwimmprofi Mark Warnecke, Leichtathlet Danny Ecker und viele mehr.
Clifford Opoku-Afari | Dr. Nicolai Worm
Heike Lemberger
978-3-927372-41-2 19,95 €

**LOGI und Low Carb in der Sporternährung.**
Glykämischer Index und glykämische Last – Einfluss auf Gesundheit und körperliche Leistungsfähigkeit.
Jan Prinzhausen
978-3-927372-30-6 24,90 €

**Bauch, Beine, Po – das LOGI-Workout für Frauen.** (DVD)
Inklusive ausführlichem Booklet.
M. Maier | Dr. N. Worm 8,99 €
978-3-927372-98-6 ~~14,95 €~~

**#POWERFÜRDICH.** (DVD)
Trainiert, schlank & sexy. Das 12-Wochen-Programm von Promi-Trainer Cliff.
Clifford Opoku-Afari
978-3-95814-010-3 14,99 €

**Endlich schlank ohne Diät.**
Erfolgreich abnehmen ohne Jo-Jo-Effekt und Kalorienzählen - nach dem LOGI-Erfolgsprinzip von Dr. Nicolai Worm.
Anna Cavelius 7,49 €
978-3-942772-10-5 ~~9,99 €~~

**LOGI im Alltag, in der Praxis und in der Klinik.**
Andra Knauer 6,99 €
978-3-942772-31-0 ~~8,99 €~~

**Die LOGI-Jubiläumsbox.**
10 erfolgreiche, glückliche und schlanke Jahre mit der LOGI-Methode. Enthält DIE drei Standardwerke rund um die LOGI-Methode zum Jubiläumspreis.
- Glücklich und schlank.
- Das große LOGI-Kochbuch.
- Das neue große LOGI-Kochbuch.

Dr. Nicolai Worm | Franca Mangiameli
Heike Lemberger
978-3-927372-68-9 55,00 €
(erhältlich solange der Vorrat reicht)

**Noch mehr LOGI.**
Die LOGI-Fisch-, -Back- und -Grillbox. Über 400 raffinierte Rezepte. Die Box beinhaltet:
- das große LOGI-Fischkochbuch
- das große LOGI-Grillbuch,
- das große LOGI-Back- und -Dessertbuch

Heike Lemberger | Franca Mangiameli
Susanne Thiel | Anna Fischer
978-3-942772-48-8 45,00 €
(erhältlich solange der Vorrat reicht)

**LOGI durch den Tag.**
Kombinieren Sie Ihren LOGI-Abnehmplan aus 50 Frühstücken, 50 Mittagessen und 50 Abendessen. Maximale Sättigung mit weniger als 1.600 Kalorien und 80 Gramm Kohlenhydraten pro Tag!
Franca Mangiameli
978-3-95814-007-3 26,00 €

**Das LOGI-Menü.**
Logisch kombiniert: 50 Vorspeisen, 50 Hauptgerichte, 50 Desserts.
Franca Mangiameli
978-3-95814-006-6 26,00 €

**Die LOGI-Akademie.**
LOGI lehren – LOGI verstehen. Ein Leitfaden zur Patientenschulung und zum Selbststudium.
Franca Mangiameli 34,99 €
978-3-927372-59-7 ~~48,00 €~~

**Happy Carb: Meine liebste Low-Carb-Rezepte.**
Happy-Carb-Bloggerin Bettina Meis verrät uns ihre 150 »Erfolgsrezepte« mehr Gesundheit und Genuss.
Bettina Meiselbach
978-3-95814-075-2 19,9

**Happy Carb: Mehr Low-Carb Lieblingsrezepte**
Happy-Carb-Bloggerin Bettina Meise präsentiert weitere 150 bunte Low-C Rezepte mit der Extraportion Happin
Bettina Meiselbach
978-3-95814-103-2 22,0

**Happy Carb: Diabetes Typ 2 – nicht mit**
Erfolgsbloggerin Bettina Meiselbach ihr persönliches Low-Carb-Geheimnis Diabetes. Mit 30 inspirierenden Rezep
Bettina Meiselbach
978-3-95814-062-2 19,99

**Happy Carb to go.**
44 Low-Carb-Rezepte für unterwegs.
Bettina Meiselbach
978-3-95814-088-2 12,00

**Die Low-Carb-Alltagsküche**
110 Koch- und Backrezepte, die JEDER kann!
Beate Strecker
978-3-95814-034-9 19,99

## ›stemed Küchenratgeber

auch als eBOOK

**ow-Carb – Low-Budget.**
›lenhydratbilanzierte Küche
den kleinen Geldbeutel.
lfgang Link | Dr. med. Jürgen Voll
3-3-942772-65-5 **8,99 €**

**w-Carb unterwegs.**
Rezepte für die Reise und zum
nehmen.
nca Mangiameli | Heike Lemberger
3-3-942772-66-2 **8,99 €**

**w-Carb vegan.**
Rezepte ohne tierische Lebensmittel.
nca Mangiameli | Heike Lemberger
3-3-942772-68-6 **8,99 €**

**w-Carb für Sportler.**
kohlenhydratreduzierte Gerichte für
Sportler.
lfgang Link | Dr. med. Jürgen Voll
3-3-942772-91-4 **8,99 €**

**w-Carb-Powerwoche.**
7 Tagen Vitalität gewinnen und
wicht verlieren.
lfgang Link | Dr. med. Jürgen Voll
8-3-942772-87-7 **8,99 €**

**ow-Carb in der
:hwangerschaft.**
sundheit mit wenig Kohlenhydraten
r Mutter und Baby.
nett Schmittendorf
8-3-942772-72-3 **8,99 €**

**ow-Carb-Feierabendküche.**
Zutaten – 15 Minuten – 40 Rezepte.
olfgang Link
'8-3-95814-059-2 **8,99 €**

**ow-Carb-Nudelküche.**
köstliche echte Pastarezepte mit wenig
hlenhydraten.
olfgang Link
'8-3-95814-047-9 **8,99 €**

NEU

**ow-Carb-One-Pot.**
Topf – alle Zutaten – 36 kohlenhydrat-
rme Rezepte.
Volfgang Link
'8-3-95814-095-0 **8,99 €**

**Low-Carb für Einsteiger.**
32 Rezepte mit zahlreichen Varianten für den Start in eine kohlenhydratarme Ernährung.
Manuela Oehninger Suter
978-3-95814-048-6 **8,99 €**

auch als eBOOK

**Low-Carb-Desserts.**
40 Desserts mit wenig Kohlenhydraten.
Wolfgang Link
978-3-942772-95-2 **8,99 €**

auch als eBOOK

**Low-Carb-Pfannengerichte.**
40 Rezepte für die schnelle Pfanne mit wenig Kohlenhydraten.
Wolfgang Link
978-3-942772-93-8 **8,99 €**

**Low-Carb bei Nahrungsmittel-unverträglichkeit.**
30 Rezepte bei Laktoseintoleranz/ Fruktoseintoleranz/Zöliakie.
W. Link | Dr. med. J. Voll **4,99 €**
978-3-942772-74-7 ~~7,99 €~~

**Low-Carb für den Hund.**
Artgerechte Hundeernährung mit wenig Kohlenhydraten – Wissen, Tipps und Rezepte.
Ursula Bien
978-3-95814-011-0 **8,99 €**

**Low-Carb vegetarisch.**
40 vegetarische Rezepte ohne Fisch und Fleisch.
Wolfgang Link
978-3-95814-005-9 **8,99 €**

**Low-Carb-Suppen.**
40 Suppen und Eintöpfe zum einfachen Nachkochen.
Manuela Oehninger Suter
978-3-95814-004-2 **8,99 €**

NEU

**Low-Carb-Burger.**
40 großartige Burgerrezepte mit wenigen Kohlenhydraten.
Wolfgang Link
978-3-95814-074-5 **8,99 €**

**Low-Carb kalte Küche.**
40 kohlenhydratarme Rezepte ohne zu kochen.
Manuela Oehninger Suter
978-3-95814-021-9 **8,99 €**

**Low-Carb-Aufläufe.**
40 kohlenhydratarme Rezepte aus dem Ofen & Wissenswertes zu Aufläufformen.
Wolfgang Link
978-3-95814-022-6 **8,99 €**

**Low-Carb in 15 Minuten.**
40 »leichte« Schnellrezepte zum Genießen.
Wolfgang Link
978-3-942772-75-4 **8,99 €**

auch als eBOOK

**Low-Carb-Backen für den Alltag.**
22 kohlenhydratarme, einfache und 100% funktionierende Rezepte für Kuchen und Kekse.
Beate Strecker
978-3-95814-033-2 **8,99 €**

auch als eBOOK

**Low-Carb-Weihnachtsbäckerei.**
22-mal Kekse, Gebäck und Konfekt zur Weihnachtszeit.
Beate Strecker
978-3-95814-043-1 **8,99 €**

**Low-Carb für Diabetiker.**
29 kohlenhydratarme Rezepte zur Blutzuckerregulation.
Wolfgang Link | Dr. Jürgen Voll
978-3-95814-045-5 **8,99 €**

**Low-Carb-Frühstück.**
40 abwechslungsreiche Frühstücksideen mit wenig Kohlenhydraten.
Wolfgang Link
978-3-95814-046-2 **8,99 €**

**Low-Carb mediterran.**
34 kohlenhydratarme Rezepte mit garantiertem Ferienfeeling.
Manuela Oehninger Suter
978-3-95814-055-4 **8,99 €**

NEU

**Low-Carb-Classics.**
40 kohlenhydratarme Rezepte aus der traditionellen Hausmacherküche.
Wolfgang Link
978-3-95814-081-3 **8,99 €**

## Ketogene Ernährung

BEST-SELLER
auch als eBOOK

**Krebszellen lieben Zucker – Patienten brauchen Fett.**
Gezielt essen für mehr Kraft und Lebensqualität bei Krebserkrankungen.
Prof. Ulrike Kämmerer
Dr. Christina Schlatterer | Dr. Gerd Knoll
978-3-927372-90-0 **24,99 €**

**Ketogene Ernährung bei Krebs.**
Die besten Lebensmittel bei Tumorerkrankungen.
Prof. Ulrike Kämmerer
Dr. Christina Schlatterer | Dr. Gerd Knoll
978-3-95814-037-0 **14,99 €**

**KetoKüche für Einsteiger: Rezepte & Kraftshakes.**
50 ketogene Rezepte, die schmecken.
Dorothee Stuth | Ulrike Gonder
978-3-942772-42-6 **14,99 €**

**KetoKüche zum Genießen.**
Mit gesunden Gewürzen und Kokosnuss. Über 100 ketogene Rezepte für Genießer.
Bettina Matthaei | Ulrike Gonder
978-3-942772-44-0 **19,99 €**

**KetoKüche mediterran.**
90 kohlenhydratarme Gerichte rund um das Mittelmeer.
Bettina Matthaei | Ulrike Gonder
978-3-95814-044-8 **19,99 €**

JETZT ALS PAPERBACK

**Stopp Alzheimer!**
Wie Demenz vermieden und behandelt werden kann.
Dr. Bruce Fife **20,00 €**
978-3-942772-86-0 ~~24,99 €~~

**Stopp Alzheimer! Praxisbuch.**
Wie Demenz vermieden und behandelt werden kann. Mit zahlreichen Rezepten, Mental-Test sowie Warenkunde und Kohlenhydrattabellen.
Dr. Bruce Fife
978-3-942772-27-3 **12,99 €**

NEU

**Essen! Nicht! Vergessen!**
Demenzrisiko einfach wegessen – oder: Wie die Ernährung vor Alzheimer & Co. schützen kann.
Dr. Peter Heilmeyer | Ulrike Gonder
978-3-95814-070-7 **15,95 €**

NEU

**Kopfküche. Das Anti-Alzheimer-Kochbuch.**
50 unvergessliche Rezepte gegen Alzheimer & Co.
Dr. med. Michael Nehls
978-3-95814-084-4 **19,95 €**

**Das Beste aus der Kokosnuss.**
Natives Bio-Kokosöl und Bio-Kokosmehl.
Ulrike Gonder
978-3-942772-56-3 **4,99 €**

**Kokosöl (nicht nur) fürs Hirn!**
Wie das Fett der Kokosnuss helfen kann, gesund zu bleiben und das Gehirn vor Alzheimer und anderen Schäden zu schützen.
Ulrike Gonder
978-3-942772-38-9 **7,49 €**

**Positives über Fette und Öle.**
Warum gute Fette und Öle so wichtig für uns sind.
Ulrike Gonder
978-3-942772-57-0 **4,99 €**

Alle 3 Bücher im Paket
978-3-942772-55-6 **14,00 €**

**KetoKüche kennenlernen.**
Die ketogene Ernährung in Theorie und Praxis.
Ulrike Gonder | Anja Leitz
978-3-942772-80-8 **8,99 €**

**Praxisbroschüre Rezepte zur Unterstützung einer ketogenen Ernährung für Krebspatienten.**
Prof. Ulrike Kämmerer | Nadja Pfetzer
(erhältlich nur beim Verlag) **6,90 €**

systemed verlag

# ɔga & Achtsamkeit

ıs Hatha Yoga Praxisbuch.
Einsteiger und Fortgeschrittene.
ırcel Anders-Hoepgen
3-3-95814-035-6 **29,99 €**

ımpoorna
ıatha Yoga Stunde. (DVD)
ıfe 1
ırcel Anders-Hoepgen
3-3-927372-64-1 **17,95 €**

ımpoorna
ıatha Yoga Stunde. (CD)
ıfe 1
ırcel Anders-Hoepgen **9,79 €**
8-3-927372-65-8 ~~14,95 €~~

ampoorna
atha Yoga Stunde. (DVD)
ichte Mittelstufe
hwerpunkt: Dehnung der Hüften
arcel Anders-Hoepgen
'8-3-942772-04-4 **17,95 €**

ıatha Yoga Stunde. (DVD)
ichte Mittelstufe
hwerpunkt: Kraftaufbau
arcel Anders-Hoepgen
'8-3-927372-84-9 **17,99 €**

lebammen Yoga.
bungen zur Geburtsvorbereitung
nd Rückbildung. *Inkl. Mantra-Audio-CD.*
Marcel Anders-Hoepgen **5,99 €**
78-3-927372-99-3 ~~19,99 €~~

lebammen Yoga. (Doppel-DVD)
Übungen zur Geburtsvorbereitung und
Rückbildung.
Marcel Anders-Hoepgen
78-3-942772-03-7 **16,95 €**

## Sonderedition

NEU

**Endlich gut schlafen.** (Doppel-CD)
»Gut schlafen« & »Besser schlafen« – die Klassiker in einem Paket.
Marcel Anders-Hoepgen
978-3-95814-102-5 **15,00 €**

Marcel Anders-Hoepgen
**Besser schlafen.** (CD)
**Entspannung für die Nacht.**
978-3-942772-25-9 **9,99 €**
**Kraft tanken.** (CD)
**Entspannung für den Tag.**
978-3-927372-61-0 **7,99 €**

**Nada-Yoga-Musik-Reihe.**
Marcel Anders-Hoepgen
**Eternal OM** (CD)
978-3-942772-16-7 9,99 €
**Shanti** (CD)
978-3-942772-29-7 9,99 €
**Runterkommen** (CD)
978-3-942772-17-4 9,99 €
**Gelassenheit** (CD)
978-3-942772-15-0 9,99 €

**Sonnengruß, Teil 2.** (DVD + CD)
Der perfekte Stressabbau.
Marcel Anders-Hoepgen **9,99 €**
978-3-927372-97-9 ~~16,95 €~~

## Sonderedition

**Der Sonnengruß.** (Doppel-DVD)
Workout für den Morgen voller Energie und Kraft. Entspannung für den Abend und guten Schlaf.
Marcel Anders-Hoepgen
978-3-95814-067-7 **17,99 €**

**Die Yogi-Methode.**
30-Tage-Challenge zur achtsamen Ernährung.
Vegan – ayurvedisch – yogisch.
Marcel Anders-Hoepgen
978-3-942772-69-3 **19,99 €**

FLIP CHART TISCH AUFSTELLER

**Yoga: Jeden Tag neu!**
Über 100.000 mögliche Kombinationen für Übungseinheiten à 5 bis 10 Minuten.
Marcel Anders-Hoepgen **13,99 €**
978-3-927372-69-6 ~~28,00 €~~

Marcel Anders-Hoepgen
**Bauchmuskulatur stärken** (CD)
978-3-927372-75-7 8,95 €
**Gleichgewicht** (CD)
978-3-927372-72-6 8,95 €
**Oberen Rücken stärken** (CD)
978-3-927372-73-3 8,95 €
**Unteren Rücken stärken** (CD)
978-3-927372-74-0 8,95 €

**Anti-Stress-Yoga.**
Kartenbox mit 18 Rezepten und 56 Asanas.
Petra Orzech
978-3-942772-85-3 **14,99 €**

**Der Glücksvertrag**
Das 21-Tage-Programm. Ein glückliches Leben in Balance dank einer Formel aus Psychologie und fernöstlicher Heilkunst. *Inklusive DVD.*
A. Mehta | G. Brüggemann **5,99 €**
978-3-942772-14-3 ~~19,99 €~~

**Rücken for fit.**
Das 30-Tage-Programm für einen schmerzfreien Rücken in nur fünf Minuten pro Tag. *Inklusive Übungs-DVD.*
Marcel Anders-Hoepgen **14,99 €**
978-3-942772-53-2 ~~19,99 €~~

**Yoga X-Large.**
Auch Dicke können Yoga machen! Yoga- und Bewusstheitsübungen für Menschen mit Plus-Size-Körpern.
Birgit Feliz Carrasco
978-3-942772-77-8 **17,99 €**

BEST-SELLER
auch als eBOOK

**Schlank durch Achtsamkeit.**
Durch inneres Gleichgewicht zum Idealgewicht.
Ronald Pierre Schweppe
978-3-942772-90-7 **14,99 €**

**Achtsam abnehmen.**
33 Methoden für jeden Tag.
Ronald Pierre Schweppe
978-3-942772-99-0 **12,99 €**

**Warum Stress dick macht**
... und warum wir entspannt schneller abnehmen.
Ronald Pierre Schweppe **9,75 €**
978-3-942772-51-8 ~~12,99 €~~

auch als eBOOK

**Der Burnout-Irrtum**
Ausgebrannt durch Vitalstoffmangel – Burnout fängt in der Körperzelle an! Das Präventionsprogramm mit Praxistipps und Fallbeispielen.
Uschi Eichinger | Kyra Hoffmann
978-3-95814-042-4 **19,99 €**

auch als eBOOK

**Die Anti-Stress-Ernährung.**
Die LOGI-Methode zur Stressbewältigung. Mehr Power für die Körperzellen.
Uschi Eichinger | Kyra Hoffmann
978-3-95814-032-5 **19,99 €**

**Glückliche Kinder.**
Erziehung in Liebe und Achtsamkeit.
*Aus der Reihe »mitGefühl«*
Ronald Pierre Schweppe
978-3-95814-000-4 **2,50 €**

**Starke Partner.**
Beziehung in Liebe und Achtsamkeit.
*Aus der Reihe »mitGefühl«*
Aljoscha Long
978-3-95814-001-1 **2,50 €**

**Dauerhaft schlank.**
Ernährung mit Liebe und Achtsamkeit.
*Aus der Reihe »mitGefühl«*
Dr. Julia Bollwein
978-3-95814-002-8 **2,50 €**

**Selbstheilung.**
Gesundheit durch Liebe und Achtsamkeit.
*Aus der Reihe »mitGefühl«*
Fei Long
978-3-95814-003-5 **2,50 €**


systemed Verlag
Kastanienstraße 10
D-44534 Lünen
Telefon 02306 63934
Telefax 02306 61460
www.systemed.de
faltin@systemed.de


systemed verlag

# Impressum



**REDAKTION:**
systemed Verlag, Lünen
systemed GmbH, Kastanienstr. 10, 44534 Lünen

**FOTOGRAFIE:**
Bettina Meiselbach, Carsten Meiselbach, www.happycarb.de
Brigitte Sommer (Umschlagrückseite, Seite 2, Seite 6)

**GESTALTUNG, ILLUSTRATIONEN, SATZ:**
rosavision, Simone Ruths, www.rosavision.de

**ILLUSTRATIONEN:**
"BETTI": Signyra, www.signyra.com, freepik

**UMSCHLAGGESTALTUNG:**
Simone Ruths

**DRUCK:**
Florjančič Tisk d.o.o., Slowenien

**ISBN:**
978-3-95814-103-2

1. Auflage